पत्नीं मनोरमां देहि...

श्रीमुख से

''सावधान! कहीं आप भारतीय नारी के अंत:करण में स्थित विवाह की पवित्रता और त्यागमय जीवन की श्रेष्ठता की जड़ें न खोद दें। उन्होंने युग-युग से अपने आदर्शों को उन्नत रखा है, पति-प्रेम को एक आध्यात्मिक-शक्ति के रूप में सँजोया है, न कि केवल काम-वासना की पूर्ति अथवा सांसारिक सुख के रूप में। सावधान! आप कहीं उनके समक्ष विषय-सुखों को आध्यात्मिक सुख से अधिक मोहक और सुख-सुविधा एव भोग-विलास के जीवन को स्वकर्तव्य और स्वार्थ-त्याग के जीवन से अधिक आकर्षक रूप में प्रस्तुत न कर दें। नारियाँ ही भारत को पतन से बचाएँगी, किंतु वे नारियाँ नहीं, जिनके आदर्श डिगते जा रहे हैं। अभिजात और आत्मत्याग नारी के अंत:करण में अधिष्ठित है, भारत की पुत्रियाँ ही हिंदू धर्म और हिंदू परिवार को सुरक्षित रखे हुए हैं और आगे भी रखेंगी।''

—डॉ. एनी बेसेंट

पत्नीं मनोरमां देहि...

मृदुला सिन्हा

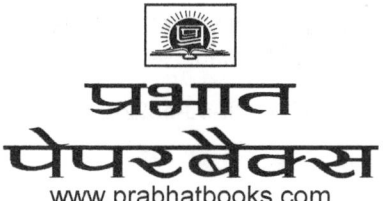

प्रभात
पेपरबैक्स
www.prabhatbooks.com

प्रकाशक
प्रभात पेपरबैक्स
4/19 आसफ अली रोड, नई दिल्ली-110002
फोन : 23289777 • हेल्पलाइन नं. : 7827007777
इ-मेल : prabhatbooks@gmail.com ❖ वेब ठिकाना : www.prabhatbooks.com

संस्करण
प्रथम, 2019

सर्वाधिकार
सुरक्षित

अ.मा.पु.स. 978-93-5322-504-9

─────── ★ ───────

PATNIM MANORAMAM DEHI...
by Smt. Mridula Sinha

Published by **PRABHAT PAPERBACKS**
4/19 Asaf Ali Road, New Delhi-110002

ISBN 978-93-5322-504-9

युवा पीढ़ी
को
सस्नेह

लेखकीय उद्‌गार

भारतीय संस्कृति में मनुष्य के उपयुक्त विकास और सौ वर्ष की निर्धारित आयु जीने के लिए सोलह संस्कारों की व्यवस्था की गई है। विवाह सबसे महत्त्वपूर्ण पंद्रहवाँ संस्कार है। गर्भाधान से लेकर विवाह की आयु तक महत्त्वपूर्ण चौदह संस्कार संपन्न होते हैं, जिनके द्वारा स्त्री-पुरुष के शरीर, मन, बुद्धि का ऐसा विकास होता है, जिससे वे गृहस्थाश्रम में प्रवेश करने के योग्य हो जाएँ। सनातन काल से भारत में विवाह निर्धारित आस्था एवं मान्यताओं के आधार पर ही चलता रहा, क्षेत्र के अनुसार थोड़ी भिन्नताएँ लिये हुए। विवाह का प्रमुख उद्देश्य एक युवक और एक युवती द्वारा एक परिवार बना और समाज को योग्य संतान से लेकर बहुत कुछ देने में अपना जीवन व्यतीत करना ही रहा। समय-समय पर विवाह और वैवाहिक जीवन में कुछ विद्रूपताएँ भी आती रहीं। समाज उन्हें ठीक करने के लिए प्रयासरत रहा, क्योंकि गृहस्थाश्रम पर ही अन्य तीनों आश्रम निर्भर करते हैं।

इधर कुछ दशकों से लड़के और लड़कियों में 'अपना जीवन' जीने की ललक बढ़ने लगी। शहरीकरण के कारण एकल परिवारों की संख्या बढ़ती जा रही है। कुछ परिस्थितियाँ भी बदलीं और विवाह को सात जन्मों का संग-साथ और अधिकार प्राप्ति नहीं, कर्तव्य साधना मानकर चलनेवाले समाज में छोटी-छोटी बातों पर संबंध-विच्छेद होने लगे। मैं 1977 से ही एक संस्था की सदस्य होने के नाते संबंध-विच्छेद होने के पूर्व के मतभेदों की कथा सुनती रही हूँ। समाजहित में विवाह को दीर्घायु बनाने, बच्चों को सुरक्षित जीवन दिलाने तथा एक आदर्श दांपत्य का प्रत्यारोपण करवाने के विचार मन में आते रहे। इन विचारों को सर्वप्रथम अपने वैवाहिक जीवन में ढालने की कोशिश की। मेरे हाथों

में लेखनी आ गई थी। उसके सामर्थ्य को देखते हुए विवाह को निभाना, सुखी दांपत्य बिताना, परिवार सशक्तीकरण की बात सोचना, ये सारे विचार लेखनी के माध्यम से समाज को देती रही हूँ। इस क्रम में मैंने विवाह के पुरातन रूप को भी नहीं छोड़ा और नए को भी सँभाला। यहाँ भी 'पुरानी नींव, नया निर्माण' का ही लक्ष्य रखा। प्रसिद्ध पत्र-पत्रिकाओं ने मेरे सभी आलेखों को प्रकाशित करना प्रारंभ किया। पाठकों की सकारात्मक प्रतिक्रियाओं ने मुझे आगे इसी प्रकार से सोचने-लिखने के लिए प्रोत्साहित किया। बहुत से लेख मात्र विवाह संबंधित हो गए। अब मैंने यह आवश्यक समझा है कि इस प्रकार के सभी लेखों का संग्रह छपवाकर समाज को अर्पित करूँ। इस पुस्तक के दो खंड किए गए हैं। पहले खंड में हिंदू रीति से विवाह के रस्म-रिवाज में महत्त्वपूर्ण सोच और प्रतीकों के अर्थ से भरे लेख हैं, जिन्हें आज युवा पीढ़ी को ठीक से समझाया नहीं जाता। दूसरे खंड में पति-पत्नी बनकर, दोनों उस पद की जिम्मेदारियों को समझें, हँसते-हँसाते हुए जीवनयापन करें। विवाह में आनेवाली छोटी-छोटी विद्रूपताएँ सहजता से समाप्त हों, ऐसे लेख संगृहीत हुए हैं।

यह सच है कि आज देश-विदेश में विवाह योग्य भारतीय युवक-युवतियाँ इन रस्म-रिवाजों से बिल्कुल अनभिज्ञ हैं। वे जानना भी नहीं चाहते। संभवत: एक यह भी कारण है उनके गठबंधन के शीघ्र ढीला हो जाने या खुल जाने का। यह पुस्तक लिखने का एक उद्देश्य यह भी है कि इसमें विवाह की सात्त्विकता, उपयोगिता और वैवाहिक रस्म के प्रतीकों की जानकारी दी जाए।

बहुत तेजी से बदलाव आ रहा है विवाह के सिद्धांत और व्यवहार में। यह जानते हुए भी लेखिका ने बहुत विस्तार से हिंदू विवाह रीति, रस्मों और दोनों पक्षों की अपेक्षाओं के विषय में लिखा है; और उनका मानना है कि उनकी मेहनत बेकार नहीं जाएगी। फिर वे दिन आएँगे जब दुनिया के कोने-कोने से भारतीय मूल के लोग पुन: भारतीयता की ओर लौटने के प्रयास में विवाह के रीति-रिवाजों को भी ढूँढ़ेंगे।

इस पुस्तक का मुख्य विषय 'विवाह' है। इसलिए भिन्न-भिन्न समय पर लिखे लेखों में कुछ पुनरावृत्तियाँ स्वाभाविक हैं पर उन्हें रहने दिया है। बार-बार पढ़ने से हानि नहीं होगी बल्कि हनुमान चालीसा या नवरात्र में दुर्गा सप्तशती के पाठ की भाँति ये पंक्तियाँ (रस्म-रिवाज) कंठाग्र हो जाएँगी।

अपने ही विवाह के साठवें वर्ष पर मैंने अपने मन को खँगाला और यह

उचित लगा कि उन सारे विचार और व्यवहार को नई पीढ़ी तक पहुँचाऊँ। उन समाज सेवक-सेविकाओं तक पहुँचाऊँ, जो विवाह और परिवार रूपी संस्थाओं को बचाने में प्रयत्नशील हैं। मुझे विश्वास है कि आज का समाज और अगली पीढ़ी इस पुस्तक में आए बिंदुओं पर मंथन कर थोड़ा-बहुत अवश्य ग्रहण करेगी।

—मृदुला सिन्हा

अनुक्रम

लेखकीय उद्गार   7

प्रथम खंड

1. पत्नीं मनोरमां देहि···   15
2. विवाह विधि-विधान   17
3. विवाह के विधि-व्यवहार   24
4. रिश्तों के रंग, रस्मों के संग   28
5. बेटा विवाह के गीतों में विविध भाव   31
6. बेटी विवाह : वर और घर ढूँढ़ना   35
7. रीतियाँ   39
8. विवाह : युवा पीढ़ी की भूमिका   43
9. चार पैरों पर चलना सिखाता है विवाह   47
10. विवाह : संस्कार या संकट   49
11. दूल्हा राम, सीता दुलहिनिया   53
12. विवाह की अहमियत   57
13. आयु के दो छोर पर—दांपत्य   61
14. हिंदू विवाह कानून को चुनौती   64
15. संस्कार या व्यापार   67
16. हिंदू विवाह कानून में संशोधन   70
17. आवश्यक है विवाह पूर्व परामर्श   74
18. विवाह-विच्छेद : सामाजिक सरोकार   76

19.	एक पत्र होने वाली बहू के नाम	79
20.	विवाह के समय कन्या के माता-पिता के तीन पत्र (समधी के लिए मान-पत्र)	83
21.	विदा हो रही बिटिया के नाम पाती	86
22.	जमाई के नाम पत्र	92

द्वितीय खंड

23.	दांपत्य का आदर्श	97
24.	दलहन का दाना है दांपत्य	100
25.	अर्धनारीश्वर : नर-नारी पूरकता का प्रतीक	103
26.	भारतीय दांपत्य में शनै:-शनै: बदलाव	106
27.	दांपत्य : पूर्ण नजदीकियाँ, थोड़ी-थोड़ी दूरियाँ	110
28.	दांपत्य का चौथापन	115
29.	पति भी आदर्श ही चाहिए	118
30.	दांपत्य की दरारों में फँसते बच्चे	120
31.	क्यों पीटता है पति, पत्नी को	123
32.	पतियों को पंगु बनाती पत्नियाँ	126
33.	कानूनी डंडे	129
34.	पति-पत्नी के बीच न्यायाधीश	131
35.	पति-पत्नी : एक-दूसरे का सम्मान करें	134
36.	पत्नी-सम्मान का भी प्रतीक है दशहरा	138
37.	पत्नीव्रत का साहस	141
38.	पत्नी फोबिया	144
39.	पति पुत्र जैसा	147
40.	दांपत्य की दरारें पाटने वाले ये मध्यस्थ	149
41.	शराबी पतियों की जेबें	155
42.	पति, पत्नी और वो	158
43.	विवाहिताओं के दो घर, अभिशाप या वरदान	162
44.	एक पति को स्मरणांजलि	166
45.	वेद में विवाह एवं परिवार संबंधी सूत्र	169

प्रथम खंड

पत्नीं मनोरमां देहि...

नवरात्रि में श्री दुर्गासप्तशती का पाठ घरों में व्यक्तिगत और मंदिरों में सामूहिक रूप से होता है। वर्षों से मैं भी घर में ही अर्गलास्तोत्रम् और तन्त्रोक्तम् देवीसूक्तम् का पाठ करती हूँ। पाठ अकसर ऊँचे स्वर में ही किया जाता है। मुझे 'रूपं देहि जयं देहि, यशो देहि द्विषो जहि' पाठ करते हुए अंतर्मन तक आनंद की अनुभूति होती है। यहाँ 'रूप' का अर्थ है—आत्मस्वरूप का ज्ञान। 'जय' अर्थात् मोह पर विजय माँगना है। वहीं यश का अर्थ है—मोह पर विजय तथा ज्ञानप्राप्ति का होना। 'द्विषो जहि' का अर्थ है—काम-क्रोध आदि शक्तियों का नाश। अर्गलास्तोत्रम् के पच्चीस श्लोकों में देवी के विभिन्न रूपों, शक्तियों और उनके उपासकों की स्थिति का वर्णन है। देवी अनित्य हैं। संपूर्ण सौभाग्य देनेवाली, समस्त शत्रुओं का नाश करनेवाली, देवी से बहुत कुछ माँगा जाता है। सौभाग्य, आरोग्य, शत्रुओं का नाश, उत्तम संपत्ति माँगी जाती है। हर पाठकर्ता की भी भक्तजन को विद्वान्, यशस्वी और लक्ष्मीवान बनाने की कामना है। हर श्लोक की दूसरी पंक्ति 'रूपं देहि, जयं देहि, यशो देहि द्विशो जहि' को दुहराया जाता है। चौबीसवाँ श्लोक है—'पत्नीं मनोरमां देहि मनोवृतानुसारिणीम्। तारिणीं दुर्गसंसार सागरस्य कुलोद्भवाम्।।'

पहले 23 श्लोकों का सस्वर पाठ करते हुए मेरी जिह्वा यहाँ रुक जाती है। स्त्री होने के नाते मुझे अपने लिए पत्नी माँगना अटपटा लगता है। फिर पत्नी क्यों माँगूँ? श्लोक में मन की इच्छानुसार चलनेवाली मनोहर पत्नी की आकांक्षा है। वैसी पत्नी, जो दुर्गम संसार सागर से तारनेवाली तथा उत्तम कुल में उत्पन्न हुई हो।

एक बात अवश्य अचंभित करती है। दुर्गासप्तशती का पाठ स्त्री-पुरुष दोनों करते हैं। यहाँ कोई भेदभाव नहीं। फिर श्लोक की रचना करनेवाले ने पत्नियों द्वारा पति के गुणों का बखान क्यों नहीं किया?

इस श्लोक की दो विशेषताएँ हैं। प्रथम कि विवाह की आकांक्षा रखनेवाले

पुरुष भी गुणवंती पत्नी की माँग करते हैं। पर दूसरी विशेषता यह कि पत्नी मनोरम तो हो ही, पति की इच्छानुसार चलनेवाली भी हो और वह दुर्गम संसारसागर से तारनेवाली हो। एक सुखी दांपत्य की आकांक्षा है। दोनों एक-दूसरे के मनोनुकूल चलकर ही कठिनतम सांसारिक जीवन को जी सकते हैं। इस भवसागर को पार कर सकते हैं। स्त्री की विशेषता बताई गई है कि वह दुर्गम संसार सागर को पार करने में मददगार हो सकती है।

हमारी पूजा-पद्धति और श्लोकों में इस संसार को मायारूपी माना गया है। इसमें रमना नहीं है। सांसारिक जीवन जीते हुए भी इस भवसागर से पार पाना है और पति-पत्नी में समरसता लाए बिना यह संभव नहीं है।

इस श्लोक का हिंदी में अर्थ भी लिखा है। कहीं-कहीं इनके भावार्थ पढ़कर ऐसा लगता है कि पाठ करनेवाला व्यक्ति या समूह स्वयं अपने लिए नहीं माँगता। वरन् यह भाव भी है कि जो लोग देवी की स्तुति करते हैं, उन्हें 'रूप, जय और यश' दिया जाए। फिर तो स्त्री भी पाठ करते हुए इस श्लोक का पाठ कर सकती है। सनातन धर्म में विभिन्न पूजा-पाठ करते हुए मात्र स्वयं के लिए सबकुछ नहीं माँगा जाता। बल्कि 'सर्वे भवन्तु सुखिनः' का संदेश हर समय मन में समाया रहता है। अर्थात् भक्तिन स्त्री भी 'पत्नीं मनोरमां देहि' की माँग कर सकती है। यानी समाज में जितने पुरुष हैं, उन्हें वैसी ही पत्नी चाहिए। जहाँ तक पत्नियों द्वारा पति माँगने का प्रश्न है, उसके बहुत से श्लोक हैं। दरअसल हमारे मन में यही बात समाई है कि पार्वती ने कठिनतम तपस्या करके शिव को प्राप्त किया था, सीता ने पुष्पवाटिका में राम की छवि देखकर गौरी की पूजा करते हुए कहा था—

"मोर मनोरथु जानहू नीकें। बसहु सदा उर पुर सबही कें।।
कीन्हेउँ प्रगट न कारन तेहीं। अस कहि चरन गहे बैदेहीं।।"

सावित्री ने यमराज को शास्त्रार्थ में परास्त कर अपने पति सत्यवान के प्राण वापस प्राप्त किए थे। विवाह के पूर्व हर लड़की अपने लिए सुंदर, सुशील वर और धन-धान्य से पूर्ण घर की कामना करती है। इसलिए कि वह अपने घर को सुखमय बना सके। इस श्लोक का विशेष महत्त्व इसलिए भी है कि पुरुष भी घर को ही सुखी नहीं, वरन् अपने जीवन को सुखी बनानेवाली जीवन-साथिन की आकांक्षा करता है। अब मैंने भी इस श्लोक का पाठ प्रारंभ कर दिया है। मेरा आशय स्वयं वैसी पत्नी प्राप्त करना नहीं, वरन् हर घर में ऐसी ही पत्नी हो, की कामना करना है।

◻

विवाह विधि-विधान

हिंदू जीवन-पद्धति में पारिवारिक व सामाजिक जीवन को सहज और सुव्यवस्थित बनाने के लिए सोलह संस्कार की व्यवस्था की गई है, जिनमें जन्म और मृत्यु भी संस्कार हैं। इन सोलहों में विवाह-संस्कार बहुत महत्त्वपूर्ण और सर्वश्रेष्ठ है। जीवन में महत्त्वपूर्ण परिवर्तन लानेवाला संस्कार। दो परिवारों को जोड़कर एक नया परिवार प्रारंभ करवानेवाला संस्कार। युवक-युवती को नए जीवन के नुस्खे बतानेवाला संस्कार। इस संस्कार के बाद ही एक नए परिवार का प्रारंभ और संस्कार प्रारंभ होते हैं। इसलिए कई संस्कारों का आधार है—विवाह-संस्कार। भारत की संस्कृति में इस संस्कार पर बहुत विचार किए गए। यह एक ऐसा संस्कार है, जो परिवार व समाज-जीवन पर बहुत दिनों तक प्रभाव डालता है। आध्यात्मिकता ही इस विवाह का चरम ध्येय है, इसी कारण हिंदू-विवाह में तलाक अथवा विवाह-विच्छेद की चर्चा नहीं है। हिंदू-विवाह जहाँ विश्व का सर्वश्रेष्ठ आदर्श है, वहाँ वह अनादि व प्राचीनतम है। यह वैज्ञानिक मान्यताओं पर आधारित है। इसका मूल ऋग्वेद है और ऋग्वेद की प्राचीनता को विश्वभर के विद्वान् मुक्त कंठ से स्वीकार करते हैं। ऋग्वेद के दसवें मंडल में 85वाँ सूक्त विवाह-सूक्त प्रसिद्ध है।

दो भिन्न संस्कारों और स्थितियों में पले-बढ़े युवक-युवतियों को साथ चलने का संकल्प दिलानेवाला संस्कार है। साथ ऐसा-वैसा भी नहीं। दोनों को एक हो जाने का संकल्प दिलानेवाला संस्कार। विवाह के उपरांत माता-पिता के ऋण उतारने तथा सृष्टि को आगे बढ़ाने के लिए संतानोत्पत्ति कर उन्हें संस्कारित करने का संस्कार देना। इसलिए दांपत्य जीवन की अनोखी एकता का गुर सिखानेवाला संस्कार है—विवाह-संस्कार।

व्यक्ति जीवन का इतना महत्त्वपूर्ण उत्सव बिना समाज के सहयोग के संपन्न नहीं हो सकता। समाजहित के लिए ही विवाह-संस्कार है, इसलिए समाज को

साक्षी ही नहीं, सहभागी रखना भी बहुत जरूरी होता है। विवाह-संस्कार में समाज साक्षी बनता है, सहयोग देता है, ताकि वैवाहिक गाँठ में बँधकर एक और दांपत्य जीवन की नई इकाई समाज की शोभा बढ़ाए, समाज के विकास में लग जाए।

जब विवाह एक सामाजिक संस्कार भी है तो इसे संपन्न कराने, समाज को भिन्न-भिन्न दायित्व देने के लिए भी नियम-उपनियम बने। ये नियम-उपनियम ही रीति-रिवाज बनते गए हैं। इसलिए विवाह-संस्कार में वैदिक रीति प्रमुख है। अन्य रीति-रिवाज लोकाचार हैं, जो स्थान-स्थान की विशेषताएँ लिये हुए हैं।

विवाह-संस्कार के मुख्य भाग हैं—अग्नि, शिला, ध्रुवतारा तथा समाज को साक्षी रखकर संग-साथ जीवन निभाने का संकल्प लेना। परंतु विवाह को व्यक्ति जीवन का अति महत्त्वपूर्ण संस्कार बनाने के लिए महीनों तक इससे जुड़े अनेक रस्म-रिवाज भी निभाए जाते हैं। सभी सगे-संबंधियों और रिश्तेदारों को न्योता जाता है तो उन्हें व्यस्त भी रखा जाता है। अलग-अलग रिश्तों की जिम्मेदारियाँ अलग-अलग होती हैं। यदि किसी ने परिचय नहीं भी करवाया तो रस्म-रिवाजों से ही रिश्तों की ऐसी पहचान बनी है कि जाननेवाले जान ही जाते हैं कि उनमें अम्माँ, बुआ, भाभी, भैया, मामा-मामी कौन हैं।

हमारे शास्त्रों में आठ प्रकार के विवाह को मान्यता दी गई है। वैधानिक माना गया है। आज भी समाज के भिन्न-भिन्न हिस्सों में भिन्न-भिन्न प्रकार के विवाह होते हैं। जो सबसे अधिक मान्य और प्रचलित है, वह भी 'कोसे-कोसे पानी बदले, दस कोस पर वाणी' बदलने के समान बदलता रहता है।

'गंधर्व विवाह' सबसे प्रमुख रहा है। स्वयंवर होता था और लड़कियाँ ही धन, बल, बुद्धि, सौंदर्य और पराक्रम देखकर अपने योग्य वरों का चयन करती थीं। इस चयन के लिए लड़कियों में विशेष योग्यता आवश्यक थी। ऐतिहासिक कारणों से लड़कियों की शिक्षा-दीक्षा में कमी आती गई। वे परदे के पीछे रहने लगीं। निश्चय ही वह दायित्व कन्या के माता-पिता पर आ गया, इसलिए वर ढूँढ़ने का काम कन्या के माता-पिता करने लगे—

बेटी— "*गंगा बहै जमुना बहै*
सर सर बहै सरयुग हे
ताहि पैठी बेटी के बाप
पैर पखारले, अइलै लगन के बेर हे
सुपली खेलैते अइली बेटी सुंदर बेटी
खोजू बाबा वर घर समतुल हे।"

विवाह विधि-विधान

बाप—   पूरब खोजली बेटी पश्चिम खोजली
       खोजली मगह मुंगेर हे,
       तोहरा जुगुत बेटी वर नहीं मिलल
       मिली गेल तपसी भिखारी हे।
बेटी— तोरा लेखे आहो बाबा तपसी भिखारी,
       मोरा लेखे श्री भागवान हे।

वर ढूँढ़ने के बाद ही विवाह के रस्म-रिवाज प्रारंभ होते हैं, जिनमें सगुन देना (छेंका, रोक) पहली रस्म है। अपने गाँव के दो-चार प्रतिष्ठित जन, सगे-संबंधियों को ले जाकर लड़के को टीका लगाने (छेंकना) की रस्म पूरी होती है। लड़का पक्ष के सगे-संबंधी भी उपस्थित रहते हैं। इसके उपरांत तिलक की रस्म होती है। खेती-बाड़ी पर निर्भर परिवारों में लड़की का हिस्सा जमीन-जायदाद में होता था। परंतु उसका ससुराल दूर रहने के कारण अपने मैके में खेती करवाने आना तथा खेती की सुरक्षा करना आसान नहीं होता रहा होगा, इसलिए उसके हिस्से की जमीन का मोल तिलक के रूप में देने का रिवाज बन गया, जिसमें अपनी हैसियत के अनुकूल लड़की के माता-पिता बरतन-वासन, कपड़ा, सोना-चाँदी के उपहार लड़के को देकर तिलक करते हैं।

विवाह की तिथि नजदीक आने पर रस्म-रिवाज बढ़ जाते हैं।

लगन चुमाना—लड़की के घर में लड़की को लगन चढ़ाया जाता है। मंगलगान के साथ लड़की की रिश्तेदार महिलाएँ लाल धान, दूब और हल्दी से लड़की को चुमाती हैं। पीली साड़ी में बाल खोली कन्या का कोई शृंगार नहीं किया जाता। आँखों में मात्र काजल लगाया जाता है। उस दिन से वह व्रती के रूप में रहती है। दांपत्य जीवन एक तपस्या का जीवन है। उसे निभाने का संकल्प व्रत लेने जैसा ही है। प्रतिदिन कन्या को हल्दी सरसों का उबटन लगाया जाता है। सुहागन औरतें उबटन लगाती हुई विवाह संबंधित गीत भी गाती हैं। ये गीत संस्कार-गीत कहलाते हैं। विवाह के महत्त्व को बताते, पति-पत्नी के दायित्व बखानते, दांपत्य जीवन के तकाजों को दरशाते ये गीत मनोरंजन भी करते हैं।

माटी कोड़ाई (मटकोर)—कन्या को लेकर महिलाएँ किसी नदी या तालाब किनारे जाती हैं। किसी गाँव में नदी तालाब नहीं है तो कुआँ पर जाकर ही मिट्टी कोड़ाई रस्म संपन्न होती है। सात सुहागन औरतें कन्या के साथ स्नान करती हैं। अपनी लटों से पानी डालकर आशीष देती हैं। फिर मिट्टी कोड़कर 'डाला' में लाती है। उसी से बेदी बनाई जाती है।

लावा भूँजना—विवाह में धान, दूब और बाँस को विशेष महत्त्व दिया जाता है। धान स्त्री जीवन का ही प्रतीक है। धान के पौधे जिस खेत में उगाए जाते हैं, वहाँ नहीं फूलते-फलते। उसे उखाड़कर दूसरे खेत में रोपा जाता है। उस नए खेत में थोड़े दिन वे मुरझाकर पीले पड़ जाते हैं। जब उस नई मिट्टी और पानी में समरस हो जाते हैं, फिर वहीं फूलते-फलते असंख्य दानों से भर जाते हैं। दूब का भी यही लक्षण है। उसे उखाड़कर कहीं फेंक देने पर सूखी हुई दूब भी मिट्टी, पानी, पहाड़ पर हरी हो जाती है। इसी प्रकार लड़की का जीवन है। बाँस वंश बढ़ने का प्रतीक है। इसलिए विवाह में आम पल्लव के साथ-साथ इन तीनों का महत्त्व रखा गया है।

धान का लावा भूना जाता है। भाभी, बुआ या बड़ी बहन लावा भूँजती हैं। आम के पल्लव से भुने गए लावा को सहेजकर रखा जाता है। विवाह की रस्मों में एक धान बँटाई (धनकट्टी) रस्म भी है, जिसमें वर और कन्या के घर से बराबर-बराबर धान लेकर मिला दिया जाता है। उस मिले हुए धान को फिर आधा-आधा बाँट दिया जाता है। बाद में लड़का और लड़की दोनों के घर लावा भुँजाई की रस्म होती है। धान बँटाई हो जाने से अभिप्राय है कि शादी पक्की हो गई।

कन्या और वर के घर में विवाह वाले दिन भी बहुत चहल-पहल रहती है। कन्या गौरी-पूजन के लिए जाती है। यहाँ यह स्पष्ट कर देना चाहती हूँ कि बिहार के मिथिलांचल क्षेत्र में ज्यादातर वही रस्म-रिवाज हैं, जो तुलसीकृत रामचरितमानस में सीता-राम के विवाह के समय हुए थे। गाँव के देवी-देवता का पूजन करने कन्या जाती है। कुम्हार का चाक भी पूजती है।

आम-महुआ ब्याह—गाँव में किसी-न-किसी बागीचे में आम और महुआ का पेड़ साथ-साथ अवश्य लगाए जाते हैं। यहाँ धागे से दोनों पेड़ों को लपेटकर बाँधा जाता है। दोनों पेड़ों की पूजा भी चावल, गुड़ और सिंदूर से की जाती है।

कन्या-स्नान—दरवाजे पर आकर बारात जनवासा को लौट जाती है। कन्या को स्नान करवाया जाता है। हल जोतते समय बैलों के कंधे पर रखे जानेवाले पालो (लकड़ी का बना वह उपकरण, जो दोनों बैलों के कंधे पर रखकर उन्हें जोता जाता है। पालो रखने से वे जुड़े भी रहते हैं।) उस पर कन्या को बैठाया जाता है। धोबन अपने बाल के एक लट से पानी गिराकर लड़की को पिलाती है। उसकी पीठ पर दही और हल्दी लगाकर नहलाया जाता है। तदुपरांत थोड़ी सी आग पर राई और अजवाइन डाली जाती है। धुएँ को एक मिट्टी के छोटे कुरवे से ढक दिया जाता है। स्नान करने के बाद कन्या उसे अपने पाँव से मारकर फोड़ती है।

विवाह विधि-विधान

परिछावन—दरवाजे पर दूल्हा दुबारा आता है। गीत-मंगल गाकर सासु सलहज उसका परिछावन करती हैं। परिछावन गोबर, बट्टारही (पत्थर) मूंज से किया जाता है। इस अवसर पर गाए जानेवाले गीतों के अर्थ हैं कि दूल्हे का स्वागत कर उसका मंडप पर ले जाने से पूर्व नजर उतारी जाती है।

भाँवर घूमना—लड़की का भाई दूल्हे के गले में चादर बाँधकर मंडप की परिक्रमा करवाता है। ये तीनों विवाह के महत्त्वपूर्ण भाग हैं—कन्यादान, लाजाहोम और सप्तपदी। इन तीनों का घर के तीन व्यक्तियों से संबंध है। कन्यादान का कन्या के माता-पिता से, लाजाहोम का कन्या के भाइयों से और सप्तपदी का कन्या से। कन्या स्वयं सप्तपदी द्वारा समर्थक है तथा वर-वधू के दोनों पक्षों से आमंत्रित संबंधी, विद्वान् व मित्र पुष्पांजलि समर्पित करते हुए इस विवाह की वैधता को पूर्णतया स्वीकार करते हैं। विवाह में किसी भी लिखित नियम की आवश्यकता नहीं। इस आदर्श विवाह में किसी प्रकार के लेख की आवश्यकता नहीं, प्रत्युत पवित्र साक्षी ही इसका मूलाधार है।

कन्यादान—वर को मंडप पर बैठाकर लड़की के माता-पिता उसे विष्णु समझकर उसकी पूजा करते हैं। तत्पश्चात् कन्या को मंडप पर बुलाया जाता है। अब कन्यादान की रस्म होती है। पिता अपनी पुत्री का हाथ वर के हाथ में डालकर कन्यादान करता है। विवाह के अवसर पर कन्या को मिलने वाली यह संपूर्ण राशि कन्या-धन होता है। पुरोहित लोग कन्यादान के नाम से ही यह धन कन्या को दिलवाते हैं। अत: कन्या के लिए दिए भेंटस्वरूप धन का ही मुख्य अथवा परिभाषित नाम कन्यादान है।

लाजाहोम—विवाह मंडप के पास ही मिट्टी की वेदी बनी होती है। वहाँ अग्नि प्रज्वलित की जाती है। वर-कन्या की गाँठ जोड़कर उसके चारों ओर घुमाया जाता है। कन्या का भाई एक-एक मुट्ठी लाजा (धान का लावा) दोनों के जुड़े हाथ से अग्नि में डलवाता है। पंडितजी मंत्र पढ़ते हैं। इसमें शमी का इस्तेमाल होता है। शमी के द्वारा वर-वधू को यह बताया जाता है कि भयंकर ग्रीष्म ऋतु में सब घास-फूस सूख जाते हैं, पर शमी तब भी ज्यों-की-त्यों हरा-भरा लहराता खड़ा रहता है। मानो इसने पतझड़ी देखी ही नहीं। शमी से शिक्षा लो। बड़ी-से-बड़ी आपत्ति और बड़ी-से-बड़ी संपत्ति में भी इस शमी वृक्ष की तरह अपने स्वभाव को नहीं छोड़ना। दु:खों की, आपत्तियों की अँधेरी रातों में सदा खिले रहने, चमकते रहने और खिलखिलाते रहने का संदेश देती हैं खीलें—खीलें जो प्रतिनिधि हैं आकाश में

खिले हुए नक्षत्रों की। ये नक्षत्र अँधेरी रात में तो चमकते हैं, पर चाँदनी में नहीं। इसी प्रकार तुम्हें चाहिए कि ऐश्वर्य को पाकर इतराते न फिरो, जिससे तुम्हारे आसपास के लोगों में ईर्ष्या के भाव न उभरें। अच्छे और बुरे दिन गृहस्थ के जीवन में आते रहते हैं। अपने जीवन में संतुलन बनाए रखना गृहस्थ में सुख की कुंजी है।

सप्तपदी के फेरे—यही विवाह-संस्कार की अंतिम मुख्य क्रिया है, जिसके संपन्न हो जाने पर विवाह को वैधानिक दृष्टि से पूर्ण हुआ मान लिया जाता है। यह क्रिया क्षेत्र के अनुसार बदलती नहीं। शास्त्र विधि है। जब कन्या का पाँव पत्थर पर डालकर वर एक-एक करके सात पद डलवाता है। सातों पद सात प्रतिज्ञाएँ हैं। अन्नादि के लिए पहला पैर, बल प्राप्ति के लिए दूसरा पैर, धन व ज्ञान की प्राप्ति के लिए तीसरा पैर, सुख की प्राप्ति के लिए चौथा पैर, संतान के लिए पाँचवाँ, ऋतुओं के अनुकूल आचरण के लिए छठा पैर तथा मित्रता के लिए सातवाँ पैर रखा जाता है।

इसी समय दोनों मिलकर ध्रुवतारा भी देखते हैं। जिस प्रकार उत्तर दिशा में ध्रुव तारा स्थित है, वैसे ही यह दंपती भी अपने जीवन में स्थिर रहेंगे। तत्पश्चात् वर-कन्या को अपने वाम भाग में आकर बैठने के लिए कहता है, पर कन्या इतनी सहजता से आकर नहीं बैठती। अपनी शर्तें रखती है, सात प्रतिज्ञाएँ करवाती है—(1) किसी विशेष कारण से तुम रात को घर से बाहर नहीं बिताओगे, भोजन-भात बाहर नहीं करोगे, (2) तुम्हारे सुख-दुःख, माँ-बाप व बंधु अब मेरे भी होंगे, मेरी हर जरूरत को पूरो करोगे, (3) अपने बल से मेरी रक्षा करोगे, (4) मैं अगर किसी बात से रूठ जाऊँ तो बुरा मत मानना, शांत रहना, (5) धार्मिक अनुष्ठान में अपने साथ रखना। लेकिन मैं तुम्हारे पुण्य की भागी बनूँगी, पाप की नहीं। (6) कभी इसका उलाहना नहीं देना कि मेरे माता-पिता ने क्या दिया है, (7) परायी स्त्री का संसर्ग कभी मत करना।

इन सातों शर्तों को वर स्वीकार करता है, फिर वह उसके वाम भाग में आकर बैठती है। इसके बाद वर भी अपनी कुछ शर्तें रखता है—तुम मेरी आज्ञा का पालन करोगी, अकारण ही कभी पड़ोस में नहीं जाओगी। इन शर्तों को वधू स्वीकार करती है।

सिंदूर दान—कन्या को अब वर द्वारा लाई साड़ी और गहने पहनाए जाते हैं। फिर पंडित द्वारा मंत्रों से सिद्ध किया गया सिंदूर से लड़के के हाथों कन्या की माँग भरी जाती है। विवाह संपन्न हुआ, पर अभी वर तथा कन्या पक्ष के रिश्तेदारों का मिलना, आपस में परिचय बाकी होता है। इसलिए मिलनी की रस्म होती है। पिता-

पिता का, भाई-भाई का, मामा-मामा का मिलन। दोनों पक्षों के रिश्तेदार आपस में बड़े प्रेम से मिलते हैं। परिचय होता है। अब वे दो पक्षों के लोग नहीं रहे। रिश्तेदार हो जाते हैं।

विदाई—विवाह-संस्कार की आखिरी रस्म विदाई है। हृदय विदारक। अपने माँ-बाप के घर पाली-पोसी गई बिटिया को विदा करना आसान नहीं है। परंतु बेटी को पाला-पोसा ही जाता है—'पराया धन' समझकर। विवाह भी धूमधाम से किया गया। विदा की वेला आ गई। हृदय पर पत्थर रखकर विदा करती है माँ—

"बड़ा रे जतन हम पोसली सीता बेटी
सेहो रघुवंशी ले ले जाए—
दुअरे पर रोअले बाबू हे जनक ऋषि
अँगना में रोवे महतारी
बंहिया धयले रोवे भैया सहोदर
मंदिर रोवे भउजाई"

मानो राजा जनक की बेटी सीता का ही कन्यादान अयोध्या के यशस्वी राजा दशरथ के सुपुत्र रामचंद्र को किया गया है। अपने सनातन इतिहास को पीढ़ी-दर-पीढ़ी सँजोने का अनोखा उपक्रम।

❏

विवाह के विधि-व्यवहार

दादी के लिए गाय, गंगा, सूर्य, चाँद, कुआँ, नदी-पहाड़ सब-के-सब हमारे जैसे ही थे। पेड़-पौधों से भी उनका पारिवारिक संबंध था। नदी माँ, तो चाँद मामा। कुआँ के पूजन के बिना कोई शुभ कार्य नहीं होता था। यों तो घर, पड़ोस और नाते-रिश्तेदारियों के घर भी विवाह, उपनयन संस्कार जैसे संस्कार उत्सव होते ही थे। बचपन में सबके लिए उनमें हिस्सेदारी भी होती थी। पर कुआँ पूजन, आम-महुआ का विवाह, खेत का पूजन, चाक का पूजन, हवा-बयार को मूँदना (बाँधना) जैसे आयोजन दादी द्वारा ही संपन्न कराए जाते थे। दादी ही इन आयोजनों (विधि) में लगी सामग्रियों की तैयारी और उन्हें इकट्ठा करती थीं। सभी सामग्रियों के नाम भी बोलती जाती थीं। एक डाला (बाँस की खपचियों से बुनी टोकड़ी) में उन सामानों को डालती जातीं। इधर घर की सभी महिलाएँ सजने-सँवरने में लगी रहतीं, दादी चिल्लातीं, 'मैं कब से नया रील (धागा) माँग रही हूँ। कोई देने के लिए तैयार नहीं। आम-महुआ ब्याहने जाने में देर हो रही है।'

माँ अपनी चोटी बनाना छोड़कर दौड़तीं। धागे की रील दादी को देतीं। दादी अन्य सामान इकट्ठा करने में उन्हें उलझा लेतीं। केला का वीर, सिंदूर, अक्षत, दही-चूड़ा, न जाने कितने छोटे-मोटे सामान चाहिए होते थे। माँ को अपने पास से भागती देख दादी कहतीं, 'तुम भी तो सीखो, कौन-कौन से सामान लगते हैं। मैं बैठी नहीं रहूँगी। अपने नाती-पोतों के विवाह में कैसे करोगी?'

दादी सबको सिखाना चाहती थीं विधि-विधान। मुझे अचंभा हो रहा था। आम-महुआ का विवाह कैसे होगा? मेरी बड़ी बहन का विवाह था। मैंने देखा, सभी महिलाएँ गीत गाती हुई सड़क पर निकलीं। गाँव के दो छोरों पर स्थित गाँव की देवी और ब्रह्म बाबा की पूजा हुई। गीतगायन महिलाओं की टोली पीछे रह जाती थी। दादी, माँ और डाला लिये चलनेवाली महिला को लेकर आगे बढ़ जातीं। वे देवी

की पिंडियों पर चावल, गुड़, सिंदूर और लाल चुंदरी चढ़ाती हुई गुनगुनाती थीं—

"लाल कोठरिया के लाल दरवाजा
लाल सिकरियों तोहार हे जगतारन मइया
मांगीले आँचल पसार हे जगतारण मइया।"

ब्रह्मस्थान जाकर भी पूजा। ब्रह्मस्थान पर जनेऊ चढ़ाती थीं—

"झकाझूमर खेले अइली बरहम (ब्रह्म) राउर अँगना
हमर टीकवा भुलायल बरहम राउर अँगना
बरहम दीउ न आशीष घर जायब अपना।"

गीतगायन महिलाएँ भी पहुँच जातीं। वे भी देवी-देवता का गीत गातीं। फिर चल पड़तीं दादी सड़क पर। बगीचे में पहुँचकर वहाँ खड़ी होतीं, जहाँ आम और महुआ के पेड़ आसपास ही खड़े होते। दादी अपनी सास का स्मरण करतीं। पूरा किस्सा सुनातीं। कैसे गाँव भर की सुविधा के लिए मेरे दादाजी को कह-कहकर आम के पेड़ से थोड़ी दूर पर महुआ लगवाया था। तब से आज तक (पचास वर्षों में) न जाने गाँव में कितनी बेटियाँ ब्याही गईं। सबकी माँएँ यहाँ आम-महुआ ब्याहने आती रहीं। मैं बड़े ध्यान से आम और महुए के वृक्षों को देख रही थी। उनमें कोई हलचल नहीं। पत्ते अवश्य डोल रहे थे। दादी ने माँ से कहा, "पहले दोनों वृक्षों की जड़ों का सिंदूर, अक्षत, चावल-गुड़ और फूल से पूजन करो। जल चढ़ाओ। फिर धागे से दोनों पेड़ को बाँधो। 21 बार लपेटो।"

माँ ने वैसा ही किया। पूरी रील (सिलाई करनेवाला सफेद धागा) समाप्त हो गई। फिर पूजन। दादी ने कहा, "अब तुम सब लोग धागा लूट लो।" सभी सुहागन महिलाएँ धागा लूटने लगीं। सबके हाथ थोड़ा-थोड़ा आया। उन्होंने इसे अपने कानों पर रख लिया।

दादी आगे बढ़ीं। मैंने पूछा, "अब कहाँ चलीं? मेरे पैर दुःख रहे हैं। बारात कब आएगी? दीदी की शादी कब होगी?"

"चल-चल। घर पहुँचकर पैर दबा दूँगी। बारात आने से पहले इन सबको पूजना पड़ता है। इन सबका आशीष लेना है। पेड़-पौधे, कुआँ या चाक अपने से चलकर हमारे दरवाजे आकर वर-वधू को आशीष नहीं देंगे। इसलिए हम यहाँ आए हैं। चल, अभी चाक पूजने जाना है।"

"वह क्या होता है?"

शायद दादी बताना नहीं, दिखाना चाहती थीं। पहुँच गए हम एक झोंपड़ी में।

वह कुम्हार टोला था। लोचन कुम्हार चाक के पास ही बैठा था। वही चाक जिस पर मिट्टी के बरतन गढ़े जाते हैं। दादी पहुँचीं। माँ और दीदी से चाक का पूजन करवाने से पहले कुम्हार को कपड़े और नगद दिए। फिर लोचन कुम्हार ने चाक चलाया। गीली मिट्टी से कुछ सीढ़ीनुमा गढ़ा। माँ ने जिसे आँचल में ले लिया। उसे सीढ़ी ही कहते हैं। घर पहुँचकर देखा—जब शाम को बाराती दरवाजे लग रही थी, पूजाघर में बैठी दीदी बार-बार चुटकी से उस सीढ़ी पर सिंदूर डालती जा रही थी। यह क्रम तब तक चला, जब तक बाराती दरवाजे पर रही। दादी ने उस विधि-व्यवहार का नाम 'सीढ़ी पूजन' ही बताया था।

दादी का काम समाप्त नहीं हुआ था। वे चिल्लाने लगीं, "नाईन को बुलाओ। नहछु कराओ।" मैंने पूछा, "यह क्या होता है?"

"देखना क्या होता है।"

नाइन आईं। दीदी के नाखून काटे। महावर लगाई। दीदी के हाथ की एक उँगली में हलका चीरा लगा दिया। खून बहने लगा। नाइन ने उसे रुई में ले लिया। दीदी ने हाथ खींच लिये। मैंने पूछा, "दादी! यह क्या हुआ। नाइन को डाँटो तो।"

"क्यों डाँटूँ? उसने तो एक शुभ कार्य किया है। तुम्हारी दीदी का बूँद भर खून ले लिया। अपने घर से चलने से पहले दूल्हे का भी एक बूँद खून लिया गया होगा। वह बारात के साथ आ गया। विवाह के बाद दूसरे दिन दूल्हे का खून दुलहन को और दुलहन का खून दूल्हे को पान में डालकर खिला दिया जाएगा, ताकि वे दोनों एक हो जाएँ।"

ऐसे छोटे-मोटे ढेरों विधान और व्यवहार विवाहों में होते हैं। इन्हें भले ही लोक-व्यवहार कहा जाए, ये लोकरीतियाँ कही जाएँ, पर हैं तो वैज्ञानिक और जीवन के प्रति दूरदृष्टि रखनेवाले प्रतीकात्मक रीति-रिवाज, विवाह और दांपत्य का अर्थ समझाने वाले।

अब तो मैं भी दादी बन गई। उन रीति-रिवाजों को अपनाती हूँ। अंधविश्वासी नहीं हूँ। विवाह से पूर्व आम-महुआ के वृक्ष की पूजा का अर्थ विवाह के लिए तैयार होती युवती का पर्यावरण से परिचित होना और उसकी रक्षा की सोचना ही माना जा सकता है। चाक तो चाक है। सृष्टि का चक्र। कुआँ पूजन, अर्थात् जल का महत्त्व। बाँस की पूजा, अर्थात् वंशवृद्धि के लिए संकल्प।

दादी अंधविश्वासी नहीं थीं। उन्हें 'क्षिति जल पावक गगन समीरा, पंचतत्त्व यह अधम शरीरा' कंठाग्र था। विवाह में वे उन्हीं पाँचों तत्त्वों की पूजा करवाती थीं।

उन्होंने तो पेड़-पौधों, आकाश, वायु, सूर्य, चंद्र का भी मानवीकरण कर रखा था। मानव जीवन में दांपत्य के महत्त्व को समझती थीं। गृहस्थों से ही उम्मीद की जाती है कि वे समाज की रक्षा करेंगे, जिसमें पशु-पक्षी ही नहीं, आकाश-पाताल भी है। विवाह के रस्म-रिवाजों में इन सबके महत्त्व को बताना निहित है। वेद-पुराणों में 'आत्मवत् सर्व भूतेषु' कह दिया गया। लोक-जीवन में उस भाव को उतारने के लिए ही सारे रीति-रिवाज हैं। इसलिए इन्हें अवैज्ञानिक कहकर नकारा और छोड़ा नहीं जाना चाहिए। विवाह के उपरांत अपने परिवार की धुरी बनने जा रही दुलहन के लिए अनौपचारिक शिक्षा हैं ये विधि-विधान।

☐

रिश्तों के रंग, रस्मों के संग

पिछले दिनों तीन वैवाहिक कार्यक्रम, एक उपनयन और मुंडन संस्कार में उपस्थित होने का अवसर मिला। ये सारे शुभ मुहूर्त थे। इसलिए परिवेश भी सुखद था। तीनों वैवाहिक कार्यक्रमों में ढेर सारी रस्में निभाई गईं। विवाह से पूर्व हल्दी चढ़ाना, मेहँदी लगाना, कुआँ पूजना, आम-महुआ ब्याहना, कुम्हार का चाक पूजना, देवी-देवताओं से लेकर ब्रह्मस्थान की पूजा। विवाह के समय भी इमली घोटाई, बारात पूजा, नहछू, गौरी पूजन, नहनौत (हल के पालो पर बैठाकर नहलाना), बारात आने पर द्वार पूजा, कन्यादान, लाजाहोम, सात फेरे, शिलारोहण, ध्रुवतारा दर्शन, सिंदूरदान और मुँह मीठा करना। उपरोक्त रस्मों में से अधिकांश रस्म शास्त्रीय विधि से संपन्न हुए, परंतु इनके बीच-बीच में बहुत से रस्म लोकाचार थे। विवाह के अवसर पर बुआ, बहन, मामा, चाचा, दीदी-जीजा, भाई-भाभी के साथ उनके बच्चे भी आए थे। बहुत सारी रस्में और रीति-रिवाज तो मानो उनके मन बहलाव के लिए थे अथवा विवाह के लिए आए वर पक्ष या वधू पक्ष के बीच रिश्तों की पहचान कराने के लिए। मिलनी तो इसलिए होती ही है। लड़की के बाबा-चाचा, फूफा, जीजा, भाई, मामा, लड़के के उन्हीं रिश्तेदारों से गले मिलते हैं। इस रस्म को कहीं मिलनी, तो कहीं मिलन कहा जाता है। लड़की पक्ष के रिश्तेदारों के हाथ में कुछ नगद और वस्त्र होते हैं। दोनों अँकवार लेते हैं। शुभ अवसर पर रस्म अदायगी के साथ सभी परिवारजन का परिचय मिल जाता है। अलग-अलग रस्म अलग-अलग रिश्तों के लिए ही बनाए गए हैं।

आज समय, दूरियों और वस्तुओं की अनुपलब्धता के कारण बहुत से रस्म छूटते जा रहे हैं। एक रस्म तो बहुत प्रमुखता से आ गया है। वह है—वधू पक्ष की ओर के लड़के-लड़कियों द्वार वर के जूते छुपाना। इसके पीछे कारण फिल्म है। दो-तीन फिल्मों में इस रस्म को बड़े प्रभारी ढंग से दरशाया गया। इस रस्म में भी

जूता छुपानेवाली वर से नेग (रुपए) माँगती हैं। वर को नेग देना भी पड़ता है। पारिवारिक जीवन में संपन्न हो रहे विभिन्न रस्मों में नेग माँगे जाते हैं। वैसे तो किसी को भी किसी से पैसे माँगने में शर्म आएगी, परंतु शादी और त्योहारों के अवसर पर बुआ, बहन और भाभियाँ अपने से बड़ों से खुलकर नेग माँगती हैं, तभी रस्म पूरा करती हैं। बड़ों को भी नेग देने में आनंद ही आता है।

लड़कों के विवाह पर बुआ, भाभी और बहनें उबटन लगाने, हल्दी चढ़ाने, कपड़ा पहनाने, घोड़ा चढ़ाने से लेकर बहू के आने पर द्वार छेकाई करती हैं। बिना नेग लिये दूल्हा-दुलहन को कोहबर घर में प्रवेश नहीं करने देतीं। वे गीत गाती हैं—

"द्वार के छेकाई नेग, पहिले चुकाओ हे रघुवंशी दूल्हा
तबे रउरा कोहबर जाऊ।"

भाई को अपनी बहनों को नेग देने में आनंद आता है। पारिवारिक जीवन में हर रिश्ते की अपनी तासीर होती है। भाई-बहन या बुआ-भतीजे के रिश्ते में सभी शुभ अवसरों पर देने-लेने का ही रिवाज है। बेटियाँ ब्याहकर ससुराल चली जाती हैं, पर भाई-भतीजे के विवाह और त्योहारों पर मायका आना उन्हें बड़ा सुखद लगता है। वे इतरा-इतराकर नेग माँगती हैं, रूठती और मचलती हैं। इस माँग और पूर्ति की तासीर भी कुछ ठंडा-गरम होती है। स्वाद खट्टा-मीठा। माँगनेवाले और देनेवालों को भी आनंद आता है। नेग माँगनेवाली बुआ-बहनों के घर किसी बात की कमी नहीं होती, पर भाई-भतीजों से माँगना उन्हें सुखद लगता है। कभी-कभी तो मायकावालों के लिए वे ढेर सारा सामान लाती हैं। उसकी तुलना में मायके से मिला नेग बहुत कम होता है। इसलिए एक गीत की पंक्तियाँ हैं—

"सौ ले के आई पचासो न पाई, अब नाही आइव मायके हो लाल।"

अपने मन को टटोलती, वे पुनर्विचार कर कहती हैं—

"जीओ मेरा भाई, जीओ रे भतीजवा, फिर-फिर आऊँ यही अँगना।"

ये रस्म-रिवाज रिश्तों की सिंघाई करते रहते हैं। स्नेहासिक्त ये रिश्ते जीवन को सरस बनाते हैं। आज जीवन में दूरियाँ बढ़ गई हैं, पर समय और दूरियों को कम करते तकनीकी उपलब्धियों द्वारा विभिन्न उपकरण आ गए हैं। इंटरनेट और मोबाइल पर भी नेग माँगे और भेजे जाते हैं। स्नेह संबंध बना हुआ है।

भारतीय समाज रिश्तों के जालों में फँसा हुआ है, मानो कंप्यूटर से बाहर भी रिश्तों का इंटरनेट है, इसलिए संबंध भी मजबूत हैं। विभिन्न संस्कारों के अलावा त्योहार भी हैं। विभिन्न त्योहारों में भी नेग दिए और लिये जाते हैं। यह बात और है कि आज इस नेग की परंपरा में भी बाजार हावी हो गया है। भाई-भतीजे के

द्वारा मिले नेग की कीमत नहीं आँकी जाती थी। उपहार और राखियाँ भी हाथ की बनी होती थीं, पर आज तो रक्षाबंधन के त्योहार आने के एक माह पूर्व बेशकीमती राखियों से बाजार अँट जाता है। बहनों के मन में महँगी राखियाँ खरीदने के ही भाव आते हैं। स्नेह के बंधन का भाव समाप्त हो गया। कौन कितना महँगी चीजें लाता है, कौन कितनी महँगी चीजें देता है, महत्त्व इस बात का होता जा रहा है। और धन के आदान-प्रदान में स्नेह संबंध दबता, कुचलता जा रहा है।

इन रस्म-रिवाजों को चालू रखना है। देखना सिर्फ यह है कि स्नेह का यह आदान-प्रदान बहुत औपचारिक न हो जाए।

मेरे पोते के जन्म (अमेरिका में) पर मैंने बेटी से कहा, "तुमने भतीजे का काजल सेका है। भाई से नेग माँगो।"

दूसरे भतीजे के जन्म पर मैंने फिर कहा, "नेग माँगो।"

उसने कहा, "भैया नेग देता तो है नहीं, फिर क्यों माँगूँ?"

मैंने कहा, "भाई दे या न दे, बहन को माँगते रहना चाहिए।"

पिछले महीने मेरे छोटे भाई के बेटे का विवाह था। मेरी पोती हंसा भी साथ थी। अपने से उम्र में 12 वर्ष छोटे भाई के सामने नेग के लिए मुझे मचलते देखकर उसे बड़ा आश्चर्य हुआ। मुझे प्रसन्नता हुई कि उसने विवाह के रस्म देखकर बहुत कुछ सीखा-समझा। जीजा का जूता छुपाकर नेग माँगते तो उसने फिल्मों में देखा था, पर उस विवाह के अवसर पर उपस्थित रहकर विभिन्न रिश्तों की तासीर से वह परिचित हुई।

समाज में लोगों को बड़े-से-बड़े दुःख और विपत्तियाँ काटते देखा जाता है। मुसीबतों में टूट जाता है आदमी, परंतु ऐसे समय में नाते-रिश्तेदारों का बड़ा सहारा मिलता है। वे ढाढ़स बढ़ाते हैं। उनकी उपस्थिति से भी हिम्मत मिलती है। अपने भाई-बहनों के दूर-दूर रहने पर भी उनका सहारा रहता है।

इन दिनों मध्यम हिंदू परिवारों में पढ़ी-लिखी युवतियाँ एक ही बच्चा पैदा करने लगी हैं। मुझे यह देखकर बड़ा दुःख होता है। आगे चलकर इन रस्म-रिवाजों और त्योहारों का क्या होगा, जो जीवन में सरसता लाते हैं। मनुष्य को मनुष्य बनाते हैं। एक-दूसरे के लिए जीना सिखाते हैं। दूसरों के दुःख-सुख में रोना-हँसना सिखाते हैं। इन छोटे रस्मों और रिश्तों में हमारी संस्कृति के सूत्र समाए हुए हैं। विश्वबंधुत्व और सर्वे भवन्तु सुखिनः के भाव बीज ऐसे ही रिश्तों को निभाने और रस्मों के पालन में डाले जाते हैं।

□

बेटा विवाह के गीतों में विविध भाव

हमारे तीज-त्योहार और सभी संस्कार-समारोह पर गाए जानेवाले गीत मनोरंजन के लिए नहीं होते हैं। इन गीतों में देवी-देवताओं, विशेष तिथियों, नदियों, नक्षत्रों से हमारा आत्मीय संबंध की व्याख्या तो रहती ही है। हमारे जीवन में प्रमुख संस्कारों पर गाए जानेवाले गीतों में उन संस्कारों के प्रभाव और पारिवारिक संबंधों के भी विवरण होते हैं। बिहार की विभिन्न लोकभाषाओं भोजपुरी, मैथिली और मगही में गाए जाने गीतों में भाषा का ही अंतर होता है। भाव और विचार एक ही होते हैं। सोलह संस्कारों में से मात्र विवाह-संस्कार में ही दो महत्त्वपूर्ण पात्र होते हैं दूल्हा और दुलहन। अन्य सभी संस्कार व्यक्तिगत होते हैं। विवाह-संस्कार दो व्यक्तियों का, जो दोनों दो परिवारों से आते हैं। खान-पान, रहन-सहन, पहनावे में थोड़ी-बहुत भिन्नता लिये हुए दो परिवारों का मिलन होता है। दोनों परिवारों के भाव और भूमिकाएँ भी भिन्न-भिन्न होती हैं। लड़का ब्याह के बाद लड़की को साथ ले आता है। लड़की का मायका छूट जाता है। जाहिर है, दोनों के मनोभाव भिन्न-भिन्न होंगे। वहीं हमारी परंपरा के अनुसार लड़की अपने साथ दहेज भी लाती है। यह तो खोज का विषय है कि अपनी कन्या को पाल-पोसकर दान करनेवाला पिता का हाथ क्यों नीचा रहता है। उसे लड़के के परिवारवालों के आगे विशेष विनम्रता दिखानी पड़ती है।

दोनों की स्थिति भिन्नता के कारण इस अवसर पर वर और वधू के घरों में गाए जानेवाले गीतों में भी भावों की भिन्नताएँ होती हैं। विवाह तय हो जाने के बाद से ही लड़के के घर में रात्रि को विवाह गीत गाने का रिवाज रहा है। कुछ गीतों की व्याख्या के साथ हम लड़के के विवाह गीतों में लोगों के मनोभावों को ढूँढ़ने का प्रयास करते हैं—

"सिर शोभे कोढ़िल के मौरी
जटा पर नाच रहा मोर
रामचंद्र दूल्हा बने
जाई बैठे कौशल्या की गोद
रामचंद्र दूल्हा बने।"

(उसके चपकन, जूते, गहने सबका नाम लेकर गीत गाया जाता है)

उपरोक्त गीत को सुनकर कई बातें सामने आती हैं। प्रथम तो यह कि दूल्हे को सजाने में लड़कावाले कोई कोर-कसर नहीं छोड़ते। दूल्हा सजता है और बाराती भी सजते हैं। दूसरी बात कि हर दूल्हा राम ही होता है। उसकी माँ कौशल्या ही। इस प्रकार भिन्न-भिन्न भाषाओं में गाए जानेवाले गीतों में भाव एक ही है और दूल्हा राम ही है। राम द्वारा धनुषभंग का भी वर्णन मिलता है। इन गीतों में गाँव के सभी जातियों के लोगों के वर्णन भी—

"मलिया के दुअरा झड़ाझरी मेघ हे
भिंजलन रामचंद्र दूल्हा मौरी सहित हे
मौरी जे धरिहा दुलहवा ससुर दरवजवा हे
घुरमी-घुरमी दुलहवा करिया हा सलाम हे।"

इस गीत का भाव है कि वर माली के दरवाजे पर मौरी लाने गया है। मेघ के कारण भीग गया दूल्हा। माली उसे सीख दे रहा है—"अब मौरी मत उतारना। इसे तो अपने ससुर के दरवाजे पर ही उतारना है। वहाँ सबको झुक-झुककर प्रणाम करना।" इस प्रकार चंदन (ब्राह्मण), जोड़ा (दर्जी), जूता (मोची) देनेवाली जातियों के परिवार विवाह में जुड़े हुए हैं। वे सजावट के सामान भी देते हैं और सीख भी। ग्रामीण परस्पर निर्भरता गीतों में भी दिखाई जाती है।

अधिकांश गीतों में दूल्हे के सजावट और उनसे उसकी शोभा का ही वर्णन होता है। कई गीतों में ससुर घर लूट लाने का इरादा दरशाया गया है—

"हाथी साजू, घोड़ा साजू, साजू हे अपन बाबा
आहो बाबा साजी चलल बरिअतिया ससुर धरवा लूटी अयबो हे।"

* * *

"घोड़ा चढ़ल अपन पापा मूँछ फहरावे हे
अइली बाबू दाहिन भेली, अब गढ़ लूटब हे।"

बारात की शोभा बल्लम, बरछी, तलवार और अन्य हथियार भी हुआ करते

थे। गीतों में वर्णित भावों से तो यही पता चलता है कि दूल्हा के साथ-साथ जानेवालों (बाराती) की मनसा लड़कीवालों को लूटने की भी होती थी। यह भी अभिप्राय निकाला जा सकता है कि रास्ते में कोई विघ्न-बाधा से निपटने की तैयारी हो। इतना तो सत्य है कि बारात जानेवाले पुरुषों की मानसिकता कुछ ऐसी ही रहती है। अब तो बंदूक, पिस्तौल और रिवॉल्वर का प्रयोग होता है।

एक गीत की बानगी है—

"जबहिं कौन दूल्हा मौरी सँभाले
अम्मा लोट खाँसू ना
कहाँ जाएगा मोर राज दुलरूआ मत जाहूना
कहाँ जाएगा मोर सावन बूँद रिमझिम दुलरूआ मत जाहुना।"

बेटा विवाह के गीतों में माँ की भूमिका विचित्र दरशाई गई है। वह बड़े अरमान से बेटे के विवाह की तैयारी करती है। सिंदूर, सिंघारा और बहू के लिए बिअहुति साड़ी खरीदती है। लेकिन कहीं-न-कहीं उसे बेटा के खो जाने की आशंका भी है, इसलिए हर माँ बेटे को विदा करती हुई रो पड़ती है। इस भाव को दरशाते हुए महिलाएँ एक नया गीत गाने लगी हैं—

"बन्ना-बन्ना मत कर सासु, अब तो बन्ना मेरा (दुलहन का) है।
जब तक बन्ना कॉलेज जाता, तब तक बन्ना तेरा था,
अब तो बन्ना 'पैकेज' कमाता, अब तो बन्ना मेरा है।"

दूल्हे को सजा-धजाकर विदा करते समय महिलाएँ बड़े वियोग से गाने लगती थीं—

"बड़ा रे जतन हम पोसलो कौन दूल्हा
आगे माई सेहो उड़ि गेल आनंद वन (ससुराल)
बसरह मोरा सुन्न भेल।"

माँ के भाव हैं। उसने बड़े जतन से अपने बेटे को पाला है। अब वह आनंद वन (ससुराल) चला गया है।

एक और बानगी है—

"जाओ-जाओ रे बन्ना, ससुराल रे बन्ना
तुम दुलहिन ले आना, होशियार रे बन्ना।"

बेटे को विवाह के लिए विदा करते समय उपरोक्त गीत भी गाए जाते हैं। इन विवाह गीतों में समय-समय पर राष्ट्रीय या सामाजिक समस्याओं के समावेश भी

होते रहे हैं। साठ वर्ष पूर्व गाए जानेवाले एक गीत की पंक्तियाँ हैं—
"बाबा बाराती साज रहा बबुए के कमरे में,
दादी ने झंडा ले लिया स्वराज पाने को।"

इन विवाह-गीतों के गहरे अर्थ होते हैं। अभी भी गाँवों में गाए जाते हैं। पढ़ने-लिखने वाली लड़कियों को नहीं सिखाए जाते ये गीत। अब बारात के साथ महिलाएँ भी जाती हैं। वे भी सड़कों पर नाचती हैं। कितनी गिरावट आई है अपनी परंपराओं में। इन छोटी-छोटी बातों पर विचार नहीं होता। विवाह के बंधन ढीले ही रह जाते हैं। शीघ्र खुलने लगते हैं। हम दुःखी और अचंभित भी हैं। पर हमने यह विचार नहीं किया कि होना क्या चाहिए। ये विवाह गीत संस्कार भी देते थे।

☐

बेटी विवाह : वर और घर ढूँढ़ना

बेटी ब्याह के अवधी गीत की पंक्तियाँ हैं—
"सावन सुगना मैं गुड़ घी पाल्यो, चैत चना के री दाल,
अब सुगना तू भैया सजोगवा, बेटी के वर हेरी लाओ।"

"उड़त-उड़त सुगना, जाया ओही देसवा
बैठ डरिया ओनाए, डरिया ओनाय सुगना फंख फुलायल
चितया नजरिया घुमाए, जेहि घर ये सुगना संपत्ति देखव
चरनी बंधल बैल गाय, जेहि घर ये सुगना सम्मति देखव
बेटी के करिहा बिआह।"

अर्थात् तोता को भी वर-घर ढूँढ़ने के लिए कहा जाता है। जिस घर में संपत्ति और सम्मति दोनों हों, वही घर बेटी के लिए ढूँढ़ो।

तोता क्या वर-घर ढूँढ़ता। नाई अवश्य यह काम करता था। मेरी बुआ का ब्याह होने वाला था। दादी ने नाई को बुलावा भेजा। नाई रामचरण के आते ही उन्होंने कहा, "तुमको मालूम है कि मेरी बिटिया सयानी हो गई है। फिर हाथ पर हाथ धरे क्यों बैठे हो? उसके योग्य वर और घर खोजना है कि नहीं?"

"हाँ-हाँ, मालकिन। मैं आपके पास आने ही वाला था। रामदीन सिंह की बेटी के लिए वर-घर देखने गया था। मुझे लगा कि वह वर और घर तो अपनी ललिता के लिए बहुत योग्य रहेगा।" रामचरण नाई बड़ा खुश होकर बोला। रामचरण के बारे में मेरी परदादी बताया करती थी, "गाँव में एक ही नाई परिवार था। भूमिहार ब्राह्मण, राजपूत, कायस्थ सभी जतियों के सत्तर-अस्सी घर। कम-से-कम एक साथ बीस-पच्चीस लड़कियाँ तो ब्याहने लायक होती ही थीं। अकेला नाई कैसे ढूँढ़े लड़के। मेरी परदादी ने देवी-देवताओं की मनौती मानी। उस नाई को सात बेटे हुए।

दादी क्या, सभी गाँववाले खुश। अब तो गाँव की बेटियों के लिए रिश्ते ढूँढ़ने में कोई परेशानी नहीं होगी। एक साथ सात बारात गाँव में आ जाएँ, फिर भी परेशानी नहीं, सात-सात नाई जो होंगे।

रामचरण उन्हीं सातों भाइयों में चौथे नंबर का था। उसने कहा, "मैं तो देख ही आया हूँ। कल बड़े भैया को भी ले जाऊँगा। उनकी नजर बड़ी तेज हैं। परिवार का ऊँच-नीच भाँप लेते हैं। सब ठीक होना चाहिए। अपने परिवार से उस परिवार के गुण मिलने चाहिए। बिटिया अपनी गऊ है, गऊ। उसको दुःख न हो। हम तो अगल-बगल से उस घर की औरतों के स्वभाव का भी पता लगा ले आएँगे। हमारी बिटिया को तो उन्हीं के साथ रहना है न। आप निश्चिंत रहें मालकिन। एक बार देख आएँ, फिर पंडितजी को दिखा देंगे। बाद में तो मालिक लोग जाएँगे ही। नहीं भी जाएँगे तो क्या, वर और घर का चुनाव हम अच्छा ही करेंगे।"

दादी आश्वस्त हो गईं। कुछ दिनों में सब घटनाएँ वैसी ही घटीं, जैसा नाई ने कहा था। उसी की सूझबूझ और चयन पर विश्वास करके बुआ की शादी तय हो गई। विवाह का दिन निश्चित हुआ। विवाह के पूर्व कई विधि-विधान थे। सगुन, तिलक और धान बटाई के लिए लड़कीवालों के यहाँ जाना था। मेरे दादाजी, बाबूजी या भैया साथ नहीं गए। नाई और पंडित ही जाते रहे। घर पर उनके लौटने पर घर के लोग घेर लेते। लड़केवाले के यहाँ किसने क्या कहा, नाई और ब्राह्मण को कैसा भोजन करवाया, सब पूछते। नाई घर के हर सदस्यों के नाक-नक्श और गुण का बखान करते नहीं थकता। वह घर के आगे-पीछे घूमकर तथा गाँव में जाकर उस परिवार के बारे में बहुत कुछ पता कर आता था। तिलक का नकद और अँगूठी या मोहर अशर्फी भी पंडितजी ही ले गए थे।

रामचरण ने कहा था, "मालकिन, एक बात कान खोलकर सुन लीजिए। लड़के का रंग थोड़ा श्याम है। मंडप पर आने पर हल्ला-गुल्ला मत मचाइएगा।"

मेरी दादी चिल्ला पड़ी—"नाई, सगुन, तिलक, धनबट्टी होने के बाद सुना रहे हो कि लड़का श्याम रंग का है। तूने मेरी बेटी का गोरा-चिट्ठा रंग नहीं देखा था। आँख पर पट्टी पड़ी थी।"

"मालकिन, आप गुस्सा न करें। लड़के का चेहरा और स्वभाव देखकर आप उसका रंग भूल जाएँगी। और यह भी तो याद करिए कि रामचंद्र का रंग कैसा था और सीता कैसी थीं। सब जानकर भी आप लोग नासमझ बन जाती हैं? आप ही तो बेटी ब्याह का गीत गाती हैं—

बेटी विवाह : वर और घर ढूँढ़ना

"गोरा रंग न खोजू बाबू, धूप कुम्भलाए जी।
काला रंग न खोजू बाबू, लोग देखी डराएँ जी।
श्याम सुंदर बाबूजी मोरे मन भावे जी।"

हम भी तो बचपन से ये गीत सुन रहे हैं।

दादी को समझाना आसान नहीं था। विवाह के समय दरवाजे पर दामाद को देखकर दादी चौंक गईं। रामचरण को बुलवाया, "लड़का बदल दिया क्या? यह तो गोरा-चिट्टा है।"

"मालकिन, हम तो आपको चिढ़ा रहे थे। हम अपनी बिटिया को योग्य वर ही खोजे हैं।" दरअसल बिटिया केवल अपनी नहीं, गाँव की बिटिया है। विवाह के समय भी नाई और पंडित की ही भूमिका प्रमुख रहती थी। सब विधि-विधान उन्हीं दोनों के भरोसे था। कितना विश्वास था उन पर। धीरे-धीरे स्थिति बदलती गई। मेरी शादी के समय नाई तो साथ गया था, पर बाबूजी के साथ गाँव के और भी छह सात या आठ-नौ लोग जाते थे। उन सबको 'वरतुहार' वर की इच्छा रखनेवाले कहा जाता था। वरतुहार लोगों के लिए पारखी होना बहुत आवश्यक होता था। वर का शाब्दिक अर्थ होता है—चुनना। वरतुहार का काम था दोनों परिवारों के गुण मिलाना। लड़के को चलाकर, उठा-बैठाकर देखना। उनकी पढ़ाई-लिखाई के बारे में जानकारी लेना। घर की आर्थिक स्थिति का पता लगाना। उस परिवार के पुरखों में भी कोई ऐसी बीमारी न हुई हो, जो वंशानुगत होती है। कितनी छानबीन। लड़का-लड़की का मेल बैठाया जाता था, या उनसे भी अधिक दो परिवारों के संस्कारों का मेल। लड़का ढूँढ़ना आसान भी नहीं होता था। परिवार का चाल-चलन और गुप्त बातों का भी पता लगाया जाता था।

बेटी की जिंदगी का सवाल। बेटी सुखी रहे का भाव। बेटी तो गाँव की होती थी, इसलिए गाँववाले भी ध्यान देते थे। वरतुहार द्वारा कभी-कभी बेटी के पिता छले भी जाते थे। बेटी के पिता से कोई दुश्मनी रहने पर बेटी के लिए अयोग्य वर और घर का चुनाव कर देते थे। विवाह हो जाने पर राज खुलता था। फिर कोई क्या करे? पर ऐसा बहुत कम होता था। अधिकतर वरतुहार बेटी वाले के शुभेच्छुक ही होते थे। दरअसल अपने वृहतर परिवार और गाँव से वैसे ही 'वरतुहार' का चयन किया जाता था, जो बेटी के पिता और बेटी का हित चाहता।

विवाह-संस्कार को संपन्न कराने में 'अगुआ' का भी पद महत्त्वपूर्ण होता था। अगुआ, वह जो लड़का और लड़की के परिवारों को अच्छी तरह जानता हो,

दोनों परिवारों में जा-जाकर विवाह तय करवाता है। विवाह हर पल उसकी जरूरत होती है। ऐसा लगता है कि विवाह संबंध को सफल बनाने में शुरू से अंत तक जो भूमिका नाई की होती थी, कालांतर में वही भूमिका 'अगुआ' की हो गई। विवाह गीत की पंक्तियाँ हैं—

"हजमा (नाई) के दाढ़ी जारू, बभना के पोथी फाड़ू।
जिनी लयलन बुढ़वा दमाद के माई।"

अर्थात् सुंदर या कुरूप वर मंडप पर लाने की जिम्मेदारी नाई, ब्राह्मण या अगुआ की ही होती थी। शिव और पार्वती के विवाह निश्चित करने में जो भूमिका नारद बाबा की थी। तभी तो मैना (पार्वती की माँ) शिव का रूप देखकर रोने लगीं, "नारद बाबा के हम किछु न बिगाड़ली, खोजी लयलन बुढ़वा दमाद के माई।"

विवाह-संस्कार को बहुत सोच-समझकर संपन्न कराने की परिपाटी रही है। नाई, पंडित या अगुआ विवाह करवाने के बाद निश्चिंत नहीं होते थे। विवाह के दो-तीन वर्षों तक दोनों परिवारों, विशेषकर बेटी के ससुराल पर निगाह रखते थे। संबंधों में ऊँच-नीच हो तो ठीक करने की कोशिश करते थे। एक परिवार का बिखरना, एक घर का टूटना, दोनों संबंधियों में मनमुटाव होना, लड़की का ससुराल में दु:खी रहना, मात्र दो परिवारों का मसला नहीं था। सारा गाँव और समाज दु:खी होता था। बिखरता था। इन्हीं छोटी-छोटी पर आवश्यक व्यवहारों से सामाजिक समन्वय बना रहता। इसी समन्वित सामाजिक समरसता में संस्कृति पगती रही है।

अब बिटिया अपनी इच्छा से वर ढूँढ़ लेती है, घर (परिवार) बाद में आता है। बेटी-बेटा को सहमति बनानी ही पड़ती है। दरवाजे पर ढोल भी बजवाने हैं, लड़के के माता-पिता भी उनके दरवाजे आकर अपने रिश्तेदारों के साथ नाचते हैं। देखते-देखते दिन बदल गए, सबकुछ पुन: बदलेगा।

☐

रीतियाँ

इस बार भी बहुत मान-मनौव्वल से मेरी पोतियाँ मेरे संग बिहार गईं। अवसर मेरे देवर की बेटी के विवाह का था। वे मुजफ्फरपुर के मच्छरों से बहुत भय खाती हैं। मच्छरदानी, ऑडोमस, कछुआ छाप अगरबत्ती, ऑलआउट आदि सारी सुरक्षा व्यवस्थाओं को धत्ता बताकर भी वे बहादुर मच्छर सोते-जागते, उठते-बैठते, चलते-फिरते, काम करते लोगों पर 'प्रहार' करते रहते हैं। वहाँ बिजली की उपस्थिति भी सुधरे हुए मेहमानों की उपस्थिति जैसी ही होती है, इसलिए पोतियों को दिल्ली से बिहार ले जाना हमारे लिए भी सुखद नहीं था। परंतु इस बार दोनों वहाँ जाते ही विवाह के माहौल में रम गईं। बार-बार ढेर सारे प्रश्न पूछती रहतीं। विवाह के पूर्व मांड़ो (मंडप) छवाना, मटकोड़वा (माटी कोड़ने) के लिए जाना, लड़की को बार-बार स्नान कराना, उबटन लगाना, कोहवर लिखाना, ये सारे रस्म-रिवाज उनके लिए नए अनुभव ही थे। वे इन रस्म-रिवाजों में उपयोग में आई वस्तुओं के बारे में भी पूछती थीं और उनका विवाह से संबंध भी, रस्म-रिवाज के अर्थ भी। कुछ बातें तो हम स्वयं नहीं समझते हैं, जो होता आया है, वही करते हैं। क्यों करते हैं, पता नहीं। दिल्ली में जनमीं, पली, बढ़ी सोलह वर्षीया हंसा के लिए विवाह से तात्पर्य है—अच्छे कपड़े पहनकर उत्सव में सम्मिलित होना, धूमधाम से बाराती का आना। दरवाजे पर स्त्री-पुरुषों का जमकर नाचना। स्टेज पर दूल्हा-दुलहन का जयमाल होना और फिर भोज खाकर वापस आना। उसने विवाह के कुछ रस्म-रिवाज फिल्मों में ही देखे हैं। उनमें से भी दूल्हे के जूते छुपाना ही उसे स्मरण है। इसलिए उसने अपनी छोटी बहन समृद्धि और फुफेरी बहन चीकू के साथ जूते छुपाने की रस्म अदायगी निभाने की योजना बना ली थी। इस बीच विवाह के एक दिन पूर्व मैंने तीनों को बुलाकर कहा, "तुम लोग जाओ। अपने पड़ोसियों को मड़वा (मंडप) मटकोड़ का हंकार दे आओ।"

वे तीनों मेरे पास खड़ी रहीं। मैंने पूछा, "जाती क्यों नहीं?"

"आपने उन्हें देने के लिए हंकार हमें दिया ही नहीं।" मेरी हँसी छूट गई। गलती मेरी थी। भला उन्हें कैसे मालूम कि 'हंकार देने' का क्या मतलब होता है। मैंने उन्हें समझाया, "हर घर में जाकर कहो कि हमारे यहाँ तीन बजे मड़वा और पाँच बजे मटकोड़ है। आप लोग आइए। 'हंकार' का मतलब 'निमंत्रण देना' हुआ।"

बड़ी हँसी-खुशी से वे नए कार्य के लिए चली गईं। उनके लौटने में देर का कारण मैं जानती थी। हर घर की महिलाएँ उन्हें घेरकर खड़ी हो जातीं। उनसे ढेर सारे प्रश्न पूछतीं। अपनी गोद की बेटियों का देखकर गद्गद। हर रस्म को बड़े ध्यान से देखती थीं। बारात आई, दुलहन जयमाल के लिए दरवाजे पर गई। वहाँ से लौटकर आँगन में उसका नहनौत हुआ। हंसा पूछने लगी, "यह क्या हो रहा है, दादी?"

मैंने उसे बताया, "अभी बुआ स्नान करेगी। हल के पालो (लकड़ी के बने) पर बैठेगी। धोबिन उसके बाल और पीठ पर हल्दी-दही लगाकर अपने बाल की लट में पानी ढालकर उसे पिलाएगी।" वह बड़े ध्यान से देख रही थी। उसने पूछा, "यह पालो क्या है, दादी?"

मैंने कहा, "हल जोतने के लिए जब दो बैलों को समानांतर दूरी पर खड़ा किया जाता है, तो उनके कंधों पर यह पालो रख दिया जाता है। इसकी बनावट देखो। पालो दोनों बैलों को बाँधे रखता है। इससे बँधे रहने पर वे हल जोतते समय समानांतर दूरी पर ही रहते हैं।"

उसने पूछा, "विवाह में इसके प्रयोग का क्या अर्थ?"

मैंने बताया, "विवाह होने पर दोनों पति-पत्नी ऐसे ही जुड़े रहेंगे।"

बारातियों के चले जाने और भोज खा लेने पर उसने कहा, "अब चलें, सोएँ, विवाह तो हो गया!"

"नहीं, नहीं। विवाह की रस्में तो अब शुरू होंगी। तुम जगी रहना।" फिर तो उसने दूल्हे के जूते छुपाए और कन्यादान की रस्म ध्यान से देखने लगी। कन्यादान के समय शालू (दुलहन) बहुत रोने लगी। हंसा ने पूछा, "बुआ क्यों रो रही हैं?" मैंने भी रोते हुए कहा, "अब हमसे बिछुड़ जाएगी, इसलिए?" उसको मेरे भी रोने का अर्थ समझ में नहीं आया। थोड़ी देर में ही किसी ने उसे पुकारा, "चलो हंसा इधर आओ। कनिया (दुलहन) चीन्हने (पहचानने) की रस्म होगी।" उसे घर के अंदर ले जाया गया। शालू के साथ हंसा को भी एक चादर ओढ़ाकर बैठा दिया

गया। उसके हाथ में पाउडर दिया गया। कहा गया, "जब दूल्हा तुम्हारे सिर पर आम का पल्लव डालेगा, तो तुम उठकर उसे पाउडर लगा देना।" उसने ऐसा ही किया। उसे बड़ा मजा आया। फिर आ गई मेरे पास। पूछा, "अब क्या होगा?" मैंने कहा, "अब, नोहछू होगा।"

"यह क्या होता है?"

"यह दो शब्दों 'नोह' और 'छू' से बना है। 'नोह' 'नाखून' का अपभ्रंश है।"

"नाई शालू के नाखून काट, उस पर पॉलिश लगाकर अंगुली में थोड़ा सा चीरा लगाएगा। रुई के टुकड़े में खून रखेगा। खून सना रुई का नन्हा टुकड़ा पान में डालकर चुपचाप दूल्हे को खिला दिया जाएगा। दूल्हे के यहाँ से भी उसके खून की रुई आई होगी। वह दुलहन को खिलाया जाएगा।"

हंसा बोली, "छिह-छिह। दादी। ऐसा क्यों? क्या आपने भी दादाजी का खून खाया था।"

"हाँ, मैंने भी और उन्होंने भी। तभी तो सैंतालीस वर्षों से आपस में प्रेम है। इस रस्म को 'स्नेह खाना' कहते हैं।"

उसे बड़ा आश्चर्य हुआ। उसने तुरंत जाकर अपने पापा से पूछा, "पापा, आपने मम्मी का खून खाया था?" उन्होंने भी हामी भर दी।

इस बार के प्रवास में भी मच्छरों ने जमकर हमारा खून पीया। रात में पंखे के बिना नींद भी नहीं आती थी, परंतु मुझे इस बात की प्रसन्नता हुई कि मेरी पोतियों के अनुभव-भंडार भरे। कई लोगों से मिलना, कई बातें सीखना। दिल्ली शहर में रहकर अपने पड़ोसियों से भी नहीं मिल पाते बच्चे, मगर कई दिनों तक रिश्तेदारों के संग-संग रहना, हँसी-मजाक, गाना-बजाना, रूठना-मनाना, क्या-क्या नहीं देखा-सुना। मिठाइयों से भरा भंडार देखकर उसकी आँखें फटी रह गईं। विवाह गीतों के भाव में वह डूब रही थी। बेटी की विदाई के समय शालू (दुलहन) का सभी रिश्तेदार महिलाओं को संबोधित कर-कर के जोर से रोना उसके लिए कम आश्चर्य की बात नहीं थी। सभी पुरानी रस्म-रिवाज उसके लिए नई थीं। मैंने भी इतना ध्यान देकर उन रस्म-रिवाजों का अर्थ नहीं समझा था। धान का खोंइछा, उसमें दूब और हल्दी। विदा होते समय पिता का घर भरने का रस्म। ये रस्म ऊपर से निरर्थक लगते हैं, जबकि हैं तो अर्थवान और प्रतीकात्मक, वरना मंडप में बाँस और मिट्टी के हाथी की क्या जरूरत होती। धनबट्टी (धान बाँटना) महत्त्वपूर्ण रस्म है। लड़कीवालों के घर के लाल धान में लड़केवालों के धान मिलाकर आधा-आधा

बाँट दिया जाता है। दोनों जगह विवाह के एक दिन पूर्व लावा (खील) भूना जाता है। उसी लावा से 'लाजा होम' होता है।

बहुत सी छोटी-बड़ी रस्में। कुछ मनबहलाव के लिए, तो कुछ विवाह के अर्थ समझाने के लिए। पहली बार इन रस्म-रिवाजों में उपयोग आई वस्तुओं के प्रतीकात्मक स्वरूप पर मैंने विचार किया। और यह भी कि पाणिग्रहण जैसे संस्कार में स्थायित्व लाने के लिए हमारे समाज ने कितना कुछ कर रखा था। तभी तो दूल्हा-दुलहन (पति-पत्नी) के साथ को सात जन्मों का साथ माना गया है।

□

विवाह : युवा पीढ़ी की भूमिका

बात 1981 की है। कवयित्री महीयसी महादेवी वर्मा को दिल्ली की महिला मंगल संस्था ने अपने स्थापना दिवस पर दिल्ली की सामाजिक कार्यकर्त्रियों को संबोधित करने के लिए आमंत्रित किया था। जाहिर था कि उन दिनों दहेज के लेन-देन के कारण बहुएँ जलाई जा रही थीं। घर से निकाली जा रही और तरह-तरह की यातनाओं की शिकार हो रही थीं। दहेज के विरोध में सड़क से लेकर संसद् तक जुलूस, धरना, प्रदर्शन, बड़े-बड़े सम्मेलन हो रहे थे। उन कार्यक्रमों में युवक-युवतियों की भी भागीदारी होती थी, जो स्वयं विवाह के योग्य थे या नवविवाहित। अस्सी का दशक वह काल था, जब अधिकांश विवाह माता-पिता द्वारा ही निश्चित और आयोजित होते थे। लेन-देन की बात भी माता-पिता करते थे। उन दिनों एक धारणा बनी थी कि विवाह यदि स्वयं लड़के-लड़कियों द्वारा निर्धारित हों तो दहेज-हत्या और प्रताड़ना की संख्या बहुत कम हो जाएगी।

नई दिल्ली के त्रिवेणी सभागार में दिल्ली की महिलाओं को संबोधित करती हुई महादेवी वर्माजी ने अपनी पीड़ा व्यक्त की, "इन दिनों दहेज के कारण बहुएँ प्रताड़ित हो रही हैं। मैं अपनी इस उम्र में भी क्रांति लाकर दहेज को समाज द्वारा ही प्रतिबंधित करवा सकती हूँ। पर मैं क्या करूँ, मुझे देशभर से सौ ऐसी लड़कियाँ नहीं मिलेंगी, जो बिना दहेज के ससुराल जाना चाहे।"

श्रोता महिलाएँ एक-दूसरे की ओर देख रही थीं। सभागार ने भी महियसी की बात का मन-ही-मन समर्थन किया। तीन दशक बीत गए। दहेज के साथ ससुराल जानेवाली लड़कियों की संख्या कम नहीं हुई है। लड़के-लड़कियों द्वारा निश्चित किए गए विवाह में भी खूब लेन-देन चलता है। इतना ही नहीं, लड़के-लड़कियाँ

स्वयं बड़ी-बड़ी दुकानों में जाकर मनपसंद लहँगा, चुनरी और सिरवानियाँ खरीदते हैं। जेवर, कपड़े, साज-सामान के सामान से लेकर फ्लैट, कोठी, कार, न जाने क्या-क्या दहेज में दिए जा रहे हैं और लड़केवाले और लड़के भी लेकर खुश हैं। और तो और लड़कियाँ भी अपनी पसंद की चीजें ही खरीद रही हैं। दुकानों पर बैठकर अपने पिता की जेब पर नहीं, महँगे सामानों पर हाथ रखती हैं।

यह भी निर्विवादित है कि तीन दशक पूर्व लोगों की आवश्यकताएँ आज की तुलना में बहुत कम थीं, इसलिए खाते-पीते घरों के लड़कों के लिए भी लड़की के माता-पिता घड़ी, साइकिल, अँगूठी और ज्यादा-से-ज्यादा एक चेन (अधिक समृद्ध हैं तो) खरीदते थे। कपड़े भी साधारण ही होते थे। ऐसे जो बाद में पहने जा सके। धोती, कुरता, बनियान, पैंट-शर्ट बस। आज जो बेशकीमती कपड़े खरीदे जाते हैं, वे लड़के-लड़कियों द्वारा बाद में पहने नहीं जाते। विवाह के अवसर पर खर्चीले रस्म-रिवाज बढ़ रहे हैं।

जहाँ तक विवाह के अवसर पर सजावट, धूम-धड़ाके और खान-पान पर खर्च होता है, दिखावा-ही-दिखावा। पैसे का दुरुपयोग। बरबादी। लेकिन इनकी व्यवस्थाएँ अधिकतर लड़के-लड़कियों की पसंद की होती है। विवाह में दो परिवारों का मिलन नहीं होता। लड़कीवाले अधिक पैसा (भ्रष्टाचार से भी) कमानेवाले लड़के पसंद करते हैं। वे अपनी बेटियों को खुश देखना चाहते हैं, इसलिए लड़केवाले जो भी माँगे, देते जाते हैं। बात तो तब जगजाहिर होती है, जब पानी सिर से ऊपर चढ़ जाए। कहावत बड़ी पुरानी है, 'बेटी ब्याही ऊँच घर, बेटा ब्याही नीच।' अपनी औकाद से बहुत ऊपर बेटी ब्याहने पर बहुत धन लगता है। कर्ज उठाकर या अपनी जमीन बेचकर भी माता-पिता पूरा करते हैं।

ये 'ऊँच' और 'नीच' का आर्थिक आधार है। समाज में लड़कियों को अपने से अधिक धनी घर में ब्याहने की चाहत बेटीवालों की रही है।

उन दिनों फिल्मी नायक आमिर खान के शो 'सत्यमेव जयते' की बड़ी चर्चा थी। भ्रूण हत्या, दहेज और बलात्कार जैसी समस्याओं से त्रस्त है समाज। इसलिए उस शो को देखा भी जा रहा था। रविवार (20 मई) को दहेज रूपी दानव की चर्चा और उससे पीड़ित लड़की की व्यथा-कथा सुन कार्यक्रम में हिस्सा ले रही पीड़िता, उसके माता-पिता वहाँ उपस्थित अधिकांश भागीदार तथा स्वयं आमिर खान की आँखें भर रही थीं। अस्सी के दशक में मैं एक दहेजविरोधी समिति की सदस्य थी। दहेज प्रताड़ना के प्रसंग सुनकर मैं अकसर रो पड़ती। उसी समिति में

सुमन कृष्णकांतजी (समाजसेविका) भी थीं। वे मुझे समझातीं, "ऐसा मत करिए। आपको रोना नहीं, उस पीड़िता के आँसू पोंछने हैं।"

बात तो उनकी ठीक थी, पर उनके दु:ख और अपमान की कथा सुनना मुझे बर्दाश्त नहीं होता था। तीन दशकों में स्त्री शिक्षा का प्रतिशत भी बहुत बढ़ा है। लड़कियाँ आज जल, थल और नभ पर जा रही हैं। उनके चतुर्दिक् विकास में कोई रुकावट नहीं, पर उनके ऊपर अत्याचार की घटनाओं में बढ़ोतरी हो रही है। आमिर खान ने युवा पीढ़ी से, विवाह समारोहों पर बेहिसाब खर्च और दहेज लेन-देन के विरुद्ध खड़े होने की अपेक्षा जताई है। टी.वी. पर देख रहे दर्शकों ने भी समर्थन किया। पर ढाक के तीन पात। मैं आमिर खान को निराश नहीं करना चाहूँगी। पर युवा पीढ़ी से भी बहुत आशा नहीं जताऊँगी। महादेवी वर्मा ने युवतियों को कहा था, "यदि आप बाजार से खरीदी बेशकीमती वस्तुओं से अपने को सजाकर स्वयं वस्तु बन जाएँगी, तो ये पुरुष आपको खरीदेंगे-बेचेंगे। आप अपने वस्तु रूप का परित्याग कीजिए। व्यक्ति बनिए, तभी आपकी खरीद-फरोख्त बंद होगी। पुरुष आपके व्यक्तित्व का सम्मान करेंगे।"

महादेवी वर्मा की अनसुनी हुई। साधु-महात्मा और सामाजिक कार्यकर्ता भी लड़के-लड़कियों के व्यक्तित्व निर्माण पर जोड़ देते हैं। बाजारवाद से उन्हें बचाना चाहते हैं, परंतु अपने को 'व्यक्ति' समझने वाली लड़कियों का प्रतिशत आज भी समाज में कम है। बिना दहेज के बेटी को ससुराल भेजनेवाले माता-पिताओं, बिना दहेज के ससुराल जानेवाली लड़कियों और दहेज न माँगनेवाले लड़के के माता-पिता की संख्या बढ़ने की बजाय आज भी कम है। मुख्य कारण है—हमारी भोगवादी प्रवृत्ति। उच्च शिक्षा और पैकेज कमाई के बाद भी भोगवादी प्रवृत्ति पर लगाम नहीं लगना। दहेज कम हो तो कैसे?

आमिर खान के जैसे प्रयास चलते रहने चाहिए। विवाह को भी आज मनोरंजन ही माना जाने लगा है, कर्तव्य नहीं। दरअसल विवाह करना आसान है, निभाना बड़ा कठिन। दोनों ओर से कर्तव्यों की लागत लगाकर ही वैवाहिक जीवन को सुखमय और दीर्घायु बनाया जा सकता है। और जब लड़का-लड़की दांपत्य जीवन में सच्ची खुशियाँ लाने का प्रयास करते हैं तो विवाह का उद्‌देश्य मनोरंजन नहीं, कर्तव्य हो जाता है। फिर तो दहेज में आए करोड़ों का सामान और धन भी कौड़ी के समान हो जाता है।

आमिर खान जैसे सुधारकों को विवाह का उद्‌देश्य भी बताते रहना होगा।

कोई किसी के उपदेश से एक दिन में नहीं सुधरता। घर-परिवार में पति-पत्नी एक-दूसरे का सम्मान करेंगे, तो बच्चे भी वही सिखेंगे। आज समाज में सबसे अधिक काले बादल दांपत्य पर ही मँडरा रहे हैं। समाज के लिए हितकारी नहीं है। समय रहते सचेत होना है। युवा पीढ़ी को ही आगे आना होगा।

□

चार पैरों पर चलना सिखाता है विवाह

दो परिवारों का मिलन है। एक नवयुवक एक नवयुवती विवाह-बंधन में बँधते हैं। पर विवाह दो व्यक्तियों का बंधन नहीं, दो परिवारों का बंधन है। क्योंकि विवाह से लड़का-लड़की दोनों परिवारों के रूप, स्वरूप और प्रबंधन में अंतर आता है। एक घर से उसकी लाडली बेटी विदा होती है। वहाँ उसका बिछावन, कमरा, डाइनिंग टेबल पर उसकी कुरसी रिक्त हुई दिखती है। पर रिक्तता जो दिखती नहीं, व्यवहार में प्रगट होती है, वह है—माता-पिता, भाई-बहन, सेवक-सेविकाओं के मन के अंदर का खालीपन। विछोह। दूसरी ओर लड़के का घर भरता है। नई सदस्य के लिए घर और सभी के मन में जगह बनती है। वह नई सदस्य अपने कर्तव्य के बल पर उस घर में विशेष स्थान बना लेती है। सभी के दिल में छा जाती है। फिर तो वही परिवार की धुरी बन जाती है। यह है—विवाह की व्यक्तिगत, पारिवारिक और सामाजिक आवश्यकता।

विवाह एक कर्तव्य है। विवाहोपरांत युवती को बहुत से अधिकार मिल जाते हैं, परंतु इन अधिकारों को भी कर्तव्य की लागत लगाकर कायम रखा जाता है। विवाह के दीर्घायु होने के लिए भी दोनों के कर्तव्यों की जरूरत पड़ती है। परिवार में एक-दूसरे के प्रति कर्तव्य करना ही अधिकार माना गया है।

विवाह मनोरंजन के लिए नहीं है। संबंध सरस होता है, पर दांपत्य की राहों पर हमेशा फूल ही नहीं बिछे होते। दु:ख-सुख में साथ-साथ रहना ही विवाह-बंधन का उद्देश्य है। साथ रहने से ही अन्यान्य बाधाएँ दूर हो जाती हैं।

यह बंधन सुखद है। विवाह दोनों की प्राकृतिक आवश्यकता है। परंपरा से इसे पारिवारिक और सामाजिक उत्सव बनाया है, क्योंकि विवाह गठबंधन में बँधने वाले नौजवान-नवयुवती दो परिवारों के हैं और वे दोनों परिवार समाज के अंग। समाज रूपी समुद्र में कोई युवक या युवती निजी टापू नहीं बना सकते। विवाह को

व्यक्तिगत नहीं माना जा सकता, क्योंकि बिना दो व्यक्ति के जुड़े बंधन नहीं बनता। और दोनों अपने-अपने परिवारों के संस्कार लेकर आते हैं। यह भी सही है कि विवाह के बाद दोनों दोपाया नहीं रहते। चार पैरों पर चलना सीखते हैं, अर्थात् विवाह की सफलता के लिए चारों कदमों का संयमित और नियंत्रित होना आवश्यक है। व्यक्ति के समुचित, संतुलित और समग्र विकास के लिए भी विवाह आवश्यक है, अनिवार्य नहीं।

□

विवाह : संस्कार या संकट

पिछले दिनों पास ही बैठे 30-35 वर्ष की आयु के युवक-युवतियों के एक झुंड की आपसी बातचीत सुनने का अवसर मिला। वे अपने काम की बातों में ही उलझे थे। उनके बीच कंपनियों से उन्हें मिलनेवाले 'पैकेज' की बात हो रही थी। उनका पैकेज 10 लाख से 50 लाख तक होता है, सुनकर आश्चर्य हुआ। थोड़ी देर में ही वे अपना-अपना कंप्यूटर थैला कंधे से लटकाए चल दिए। उनकी बातचीत में विवाह, प्रेमिका या लड़की जैसा विषय नहीं आया था। वे अपनी दफ्तरी कार्यबोझ तले दबे दिखे। मुझे ट्रेन, प्लेन या बैठक रूम में जहाँ कहीं नौजवान-नवयुवतियाँ मिलती हैं, उनको कंपनियों से मिल रहे 'पैकेज' और कार्यबोझ की सूचना पाकर मैं उनसे एक सवाल करती हूँ, "विवाह कब करोगे/करोगी ?"

मानो उनसे कोई अटपटा सवाल कर दिया हो। ज्यादातर युवाओं के जवाब होते हैं, "आंटी! समय कहाँ है ?"

"आंटी! अभी इस विषय पर सोचा ही नहीं।" युवक हो या युवती, जवाब ऐसा ही।

मेरे मन में आता है, कह दूँ, 'पैंतीस की उम्र तक विवाह की नहीं सोची तो फिर सोचना ही मत।'

पर ऐसा नहीं कह पाती। कुछ वर्ष पूर्व किसी तीस वर्षीया लड़की से पूछा था, "विवाह कब करोगी ?"

उसने तपाक से जवाब दिया, "नहीं आंटी। विवाह नहीं करना। मुझे सास और पति के हाथों जलना नहीं है। मैं जीवन जीना चाहती हूँ। एन्जवॉय करना है, विवाह के झंझट में मुझे नहीं फँसना।"

उसी उम्र के किसी लड़के से कहा था, "नौकरी बड़ी अच्छी मिल गई। अब विवाह करो।"

"नहीं आंटी! अपने माँ-बाप को जेल नहीं भिजवाना। आजकल तो बहू और उसके माता-पिता छोटी-छोटी बातों पर लड़केवालों को जेल भिजवा देते हैं।"

युवक-युवतियों के अंदर विवाह के प्रति इस प्रकार का भय और विवाह के लिए सोचने का भी समय नहीं मिलने की बात सुनकर मैंने सुझाव दिया था, "विवाह पूर्व परामर्श केंद्र खुलने चाहिए।" दरअसल अपने समाज में इन दिनों विवाह संपन्न होने के बाद भी एक शंका बनी रहती है, 'विवाह निभेगा भी कि नहीं'। और विवाह के गठबंधन बड़ी आसानी से खुल रहे हैं। विवाह टूट रहे हैं। इन दिनों विवाह को भी निजी मामला माना जाने लगा है। लड़का-लड़की का संबंध। सही बात तो यह है कि हमारे समाज में विवाह दो परिवारों का मेल होता था। अब दो व्यक्ति मिलते हैं। वे दोनों एक-दूसरे के प्रति जिम्मेदार होते हैं, परिवार या समाज के प्रति नहीं। इसलिए मनचाहे ढंग से टूट जाते हैं। 'पैकेज' के लिए जल्दी-जल्दी नौकरियाँ बदलते-बदलते पत्नी और पति भी बदलने का अभ्यास होता जा रहा है।

यह भी सच है कि दो व्यक्तियों (स्त्री-पुरुष) का जीवन भर साथ रहना स्वाभाविक संबंध नहीं है। अस्वाभाविक है। स्वाभाविक है स्त्री-पुरुष का सेक्स संबंध। यह एक प्राकृतिक जरूरत है। आहार, निद्रा, भय और मैथुन सभी प्राणियों में है। परंतु स्त्री-पुरुष की इस नैसर्गिक अनिवार्य आवश्यकता को देखकर ही समाजवेत्ताओं ने 'एक स्त्री और एक पुरुष' को पारिवारिक बंधन में बाँध दिया। तदनुरूप संपत्ति के अधिकार से लेकर बच्चों पर अधिकार और पति-पत्नी के बीच कर्तव्य और अधिकार सुनिश्चित किए। देश, काल, पात्र के अनुसार ये नियम बदलते रहे हैं।

विवाह का रूप जैसा भी हो, विवाह अनिवार्य नहीं, आवश्यक अवश्य है। विवाह-विच्छेद की संख्या बढ़ने से समाज में विद्रूपताएँ आती हैं, इसलिए वृद्धों और बच्चों को सँभालने के लिए विशेष व्यवस्थाएँ करनी पड़ती हैं। पिछले तीस वर्षों से शहरों में पति-पत्नी और पारिवारिक विवाद की बढ़ती संख्या को देखकर सामाजिक संस्थाओं और फिर सरकारी संस्थाओं ने भी 'परिवार परामर्श केंद्रों' की व्यवस्था की है। वहाँ वैवाहिक और पारिवारिक जीवन के झगड़े लाखों की संख्या में सुने जाते हैं। परिवार परामर्शदाताओं की कोशिश होती है कि परिवार झटके से टूटें नहीं। बहुत से विवाह मात्र लगातार परामर्श से हल हो जाते हैं। कोर्ट तक जाने की नौबत नहीं आती। कल तक यह कार्य परिवारवालों और रिश्तेदारों का था। शहरों में अब परिवार परामर्श केंद्र बनते जा रहे हैं। छोटे शहरों में भी ऐसे केंद्र खुल रहे

हैं। एक सर्वे के अनुसार, देश के कोने-कोने में स्थित तीन सौ परिवार परामर्श केंद्रों पर पंद्रह वर्षों में 30 लाख मामले आए थे। उन मामलों के विषय सुनने-जानने के उपरांत ही मेरे मन में 'विवाह पूर्व परामर्श केंद्र' चलाने की बात आई थी।

दरअसल समाज के एक वर्ग में तेजी से बदलाव आया है। युवक-युवतियों पर पढ़ाई का बोझ है। वे अपने परिवार और सगे-संबंधियों के बीच भी विवाह संबंध को निभते नहीं देख पाते। समाचार-पत्रों, पत्रिकाओं और टेलीविजन के विभिन्न चैनलों पर जो विवाह संबंध दिखाया जाता है, वह भयानक और भयावह है। इसलिए विवाह के प्रति भय उत्पन्न होना लाजमी है। उन्हें अपने कॅरियर की विशेष चिंता है, विवाह की नहीं। बड़े 'कैजुअल' ढंग से कहेंगे, "कर लेंगे विवाह भी।" और सच मानिए तो विवाह उनके लिए संकट बनता जा रहा है।

विवाह बंधन के प्रति उनकी अज्ञानता, हलकी सोच और विवाहित जोड़ियों से रही दूरियों के कारण अनुभवहीनता रहती है। बिना सोचे-समझे किए गए विवाह बिना विचारे टूटते जा रहे हैं, इसलिए प्रत्येक विश्वविद्यालय में एक 'विवाह पूर्व परामर्श केंद्र' की स्थापना होनी ही चाहिए।

हमारी युवा पीढ़ी को मालूम तो हो कि विवाह मनोरंजन के लिए नहीं है। छोटी-छोटी बातों पर तोड़ने के लिए भी नहीं। विवाह भी कर्तव्यपालन के लिए है।

इन दिनों बड़े शहरों में विवाह के उपरांत स्थायी जीवन से डरी युवा पीढ़ी ने सहजीवन के कई नए रास्ते निकाले हैं, जिनमें 'लिविंग टूगेदर', 'मैत्री करार' जैसी विद्रूपताएँ हैं। गुड़ खाए गुलगुले से परहेज।

कर्तव्यपालन और विवाह से डरने की भी आवश्यकता नहीं है। यह एक पवित्र और आनंददायी बंधन है, परंतु युवा पीढ़ी जिम्मेदारी उठाने से डरती है। इसलिए नौकरी और व्यापार को व्यवस्थित कर यदि विवाह के लिए सोचना प्रारंभ करते हैं तो इनके सामने कई प्रश्न विकराल रूप धारण किए खड़े होते हैं। क्या ये विवाह को निभा पाएँगे? क्या विवाह में प्रेम हमेशा कायम रहेगा? क्या ये अपनी जोड़ी को प्रसन्नचित्त रख पाएँगे? क्या वैवाहिक दायित्वों को पूरा कर पाएँगे?

इन सारे प्रश्नों की सैद्धांतिक, सार्वजनिक और स्थायी उत्तर नहीं दिए जा सकते। परंतु व्यक्तिगत प्रश्नों के ऐसे उत्तर और उदाहरण अवश्य दिए जा सकते हैं, जिससे कि युवक-युवतियाँ विवाह के प्रति सकारात्मक मत बना सकें। तदुपरांत वे अविवाहित रहने का भी निर्णय लें तो कोई हर्ज नहीं।

आज समाज में अविवाहित रह रहे लोगों की संख्या बढ़ रही है। इसका प्रमुख

कारण समय पर सही परामर्श नहीं मिलना भी है। पिछले पंद्रह वर्षों से अमेरिका में पढ़ाई कर अब अच्छे 'पैकेज' वाली नौकरी में लगे नौजवान के पिता को अत्यधिक चिंतित देख मैंने उनके बेटे को परामर्श देने का बीड़ा उठाया। अपने दूरभाष बिल का खर्चा उठाकर मेरी दो-तीन बार उससे लंबी बातचीत हुई। उसने विवाह के प्रति इतने सारे नकारात्मक तथ्य और उदाहरण इकट्ठे कर रखे थे कि मेरे द्वारा एक भी सकारात्मक पक्ष रखना कठिन हो रहा था। मैंने कहा, "ठीक है, तुम्हारे दो-चार मित्रों के विवाह टूट गए। पर तुम्हारे माता-पिता, सगे-संबंधियों और गाँव में सैकड़ों विवाह सफल होते हुए भी देखे होंगे। फिर उनसे प्रेरणा क्यों नहीं लेते?" उसने जवाब दिया था, "आठ वर्ष की आयु में मैं हॉस्टल चला गया, फिर यहाँ आ गया। अपने माँ-बाप का भी वैवाहिक जीवन नजदीक से नहीं देखा।" वह नौजवान हॉस्पिटल में जनमा, हॉस्टल में रहकर पढ़ा और होटल में खाता है।

उस नौजवान के मन पर मेरे परामर्श का थोड़ा-थोड़ा असर तो पड़ा। वह विवाह के लिए तैयार हुआ, पर विवाह के प्रति उसके मन में उठे कई प्रश्न अनुत्तरित ही रहे।

यह आज की आवश्यकता है कि कुछ सफल विवाहों की कहानियाँ, विवाह की जरूरतों पर लिखे निबंध आदि पाठ्य-पुस्तकों में ही डाले जाएँ। एक इंजीनियर, डॉक्टर बनाने के लिए कितने शिक्षण-प्रशिक्षण होते हैं। परिवार चलाने का प्रशिक्षण क्यों नहीं? समय आ गया है, जब विवाह की गंभीरता को समझते हुए युवक-युवतियों को विवाह परामर्श के द्वारा विवाह का सही अर्थ समझाया जा सके। उनके प्रश्नों का सही उत्तर दिया जा सके। वरना विवाह करके भी वे सशंकित ही रहते हैं। विवाह को संस्कार नहीं, संकट मानते हैं।

☐

दूल्हा राम, सीता दुलहिनिया

हमारे परिवार में शिशु के जन्म लेते ही दादी के कंठ से बधावा गीत की पंक्तियाँ रिसने लगती थीं। बेटा हो या बेटी, वे गाती थीं—

"अयोध्या में जन्म लेले रामचंद्र दानी।
दशरथ लुटावले अन्न-धन सोनमा,
कौशल्या लुटावले हाथ के कंकना।"

या

"यशोधा के भइले नंदलाल,
बधैया माँगे मालिनिया।"

महिलाओं के झुंड में बैठकर मैं भी पंक्तियाँ दुहराती थी। एक प्रश्न मन में उगा था। मेरी उम्र के साथ बड़ा हो गया, "शिशु के माता-पिता का नाम कौशल्या और दशरथ नहीं है। शिशु का नाम राम नहीं, मेरे गाँव का नाम तो अयोध्या ही नहीं था, फिर दादी गीत के शब्दों में भूल क्यों करती थीं?"

बच्चा बड़ा हुआ। उसका मुंडन-संस्कार हुआ। दादी गा उठतीं, "दशरथ के चारो ललनमा, अँगनवा खेले।"

और तो और मेरे घर में चौका-बरतन करनेवाली रामकली को बच्चा पैदा हुआ। दादी ने उसकी झोंपड़ी को भी अयोध्या, पिता को दशरथ, माता को कौशल्या और शिशु को राम मानकर ही गीत गाया। इतना ही नहीं, सोने की छुरी से शिशु का नाल काटने, सोने की चौकी पर कौशल्या को बैठाने के भावों से भरे होते थे गीत। उस दिन तो रामकली को भी सोने की चौकी पर बैठा दिया।

बच्चे का जन्म ही नहीं, मुंडन, उपनयन संस्कार या तीज-त्योहारों पर भी घरवालों का अपना कोई अस्तित्व नहीं। उनके रूप में राम और कृष्ण ही उतर आते

थे। झोंपड़ी, महल या मध्यम किसान का घर हो। घर अयोध्या, घरवाला दशरथ और बच्चा राम।

मेरी फुआ का विवाह था। एक महीने पूर्व से तैयारियाँ शुरू। सभी शुभ कार्यों के साथ गीत भी गाए जाते रहे। सभी गीतों में राम-सीता के विवाह का ही वर्णन होता था—

"राजा जनकजी कठिन प्रण ठानल
धनुष दीहले ओंठगाए के माई।"

मैंने दादी से पूछ ही लिया, "दादी! फुआ-फुफा का नाम क्यों नहीं लेतीं?"

दादी ने कहा था, "ये दोनों भी सीता-राम के ही रूप हैं। चाचाओं के विवाह पर भी धनुष-भंग के प्रसंग बड़े गौरव भाव में गाया जाता था, मानो मेरे चाचाओं ने ही धनुष-भंग किए हों।

मंदिरों में 'राम-विवाह पंचमी' मनाई जाती है। सीता-राम विवाह के प्रसंगों को दुहराया जाता है। कई दिनों तक चलते विवाह प्रसंगों पर गाँववासी झूम उठते हैं। संपूर्ण गाँव सीता-राममय हो जाता है, परंतु उस समय वह गाँव जनकपुर होता है। सीता का विवाह तो जनकपुर में हुआ था। पिता जनक ने हृदय पर पत्थर रखकर अपनी प्राणप्रिया बेटी की विदाई की थी। आज भी संपूर्ण गाँव सीता विदाई के अवसर पर बिलखता है।

बचपन में देखे इन दृश्यों का असर मन पर गहरा पड़ा है। तीन दशकों से दिल्ली में रहना हो रहा है। दादी नहीं भूलती। गाँव और गाँव के व्रत-त्योहार नहीं भूलते। एक दिल्ली की संस्था धर्मयात्रा महासंघ की बैठक में मैंने कहा, "अयोध्या से जनकपुर तक राम की बारात ले चलते हैं। साधु-संत-गृहस्थ सब लोग चलेंगे। रास्ते में बारात के कई पड़ाव होंगे। प्रवचन भी होंगे। साधु-संत विवाह के महत्त्व को बताते चलेंगे।"

मेरा प्रस्ताव स्वीकार हो गया। पाँच दिन पूर्व अयोध्या से बारात निकलने वाली थी। छठे दिन रात विवाह पंचमी के दिन जनकपुर पहुँचना था। सारी तैयारियाँ होने लगीं। देश के कई भागों से लोग राम बारात में जाने के लिए एकत्री होने लगे। कई लोग तो बीच में ही सम्मिलित हो जाते। अयोध्या से चली बारात का पड़ाव पटना, मुजफ्फरपुर और दरभंगा में भी था। सभी स्थानों और रास्ते में भी बारात का भव्य स्वागत होता रहा, परंतु दरभंगा से मधुबनी और उसके उपरांत जनकपुर पहुँचने के बीच तो बारात का स्वागत वर्णनातीत हो गया। जिस गाँव से बारातियों की सौ

गाड़ियों का काफला गुजरे, ग्रामवासी सड़क किनारे यथायोग्य मिठाई, चूड़ा-गुड़, कुछ-न-कुछ लेकर खड़े थे। खाली हाथ नहीं। हमें खिलाते। हर्षित हो जाते। हमें देखकर उनकी आँखें भर आतीं। वे रोते, हम क्यों पीछे रहते। हमारी आँखें भी भर आतीं। क्यों भरती थी आँखें? मिलनेवाले पहली बार मिले थे, फिर नहीं मिलनेवाले थे। आँखें क्यों भरती थीं। पूरा मिथिलांचल राममय हो गया था। सीता की भूमि तो है ही। राम दूल्हा बनकर आ रहे थे। मिथिलांचल की बेटी का विवाह था। वह विवाह और बारात का नाटक नहीं रहा। लाखों मिथिलावासियों ने सच्ची बारात मान ली। वैसा ही स्वागत किया, जैसा रामचरित मानस में वर्णित है। एक गाँव में बारात पड़ाव पर खाने-पीने की इतनी सामग्री एकत्री हो गई कि हजारों लोगों को खिलाकर भी बच गई।

एक आयोजक ने बताया, "हमने किसी से माँगा नहीं। गाँववाले अपने सामर्थ्य के अनुसार चावल, दाल, सब्जियाँ, दूध-दही ले आए हैं। एक बुढ़िया की गाय ने उस दिन आधा लीटर ही दूध दिए। पोता बीमार था। पर उस दिन का दूध उसने पोते के लिए नहीं रखा, राम की बारात के लिए ले आई। बेटी के विवाह का प्रसंग था।"

गाँववाले बारातियों से हँसी-ठिठोली भी कर रहे थे। हमारे ड्राइवर की मूँछ-दाढ़ी खींचना, हमें राम की बहन मानकर हँसी-ठिठोली करना। बारात निकालने का प्रस्ताव देते समय सोचा भी नहीं था कि मिथिलांचल में वैसा अनुराग उमड़ आएगा। उन्होंने अपनी बेटी सीता और जमाई राम को स्मृतियों में ही नहीं, अपने जीवन-व्यवहार में जीवंत रखा है। नेपाल और भारत की सीमा समाप्त हो गई थी। अगहन शुक्लपक्ष पंचमी को जनकपुर में सीता का विवाह संपन्न हुआ।

हम दिल्ली लौट आए। स्मृति नहीं मिटती। कैसा आस्थावान और कृतज्ञ समाज है। किस प्रकार पीढ़ी-दर-पीढ़ी भावनाओं का हृदयांतरण होता आया है। आज भी सीता और राम से हमारा सरोकार है। वे हमारे, हम उनके हैं।

"सीय राममय सब जग जानी।
करउँ प्रनाम जोरि जुग पानी।।"

हर विवाह पंचमी (मार्ग शीर्ष शुक्ल पंचमी) को सीता-राम का विवाह मंदिरों में संपन्न होता है, परंतु जनकपुर में संपन्न विवाह का रूप-रंग ही निराला होता है।

"दूल्हा राम-सीता दुलहिनिया।"

मिथिलांचल वासियों के लिए अपनी बेटियों के विवाह के लिए वह शुभ तिथि नहीं है। उनका मानना है कि राजा जनक की बेटी सीता के वैवाहिक जीवन में सुख

नहीं मिला। वे जंगल-जंगल भटकती रहीं, पति से परित्याग होकर वन में ही प्रसूता बनीं, इसलिए वह तिथि उन्हें नहीं धारती। अपनी बेटी सीता के जीवन में आए दु:ख वे भुला नहीं पाए हैं। बेहद करुणा है मिथिलांचल की भाषा और बोली में, गीतों में।

नवंबर माह में विवाह पंचमी है। फिर आएगी बारात। फिर उमगेगा मिथिलांचल। सीता और राम के जीवन के सुख-दु:ख से हमारा आज तक सरोकार है। यह सरोकार बना रहेगा। पीढ़ी-दर-पीढ़ी उनका विवाह-दिन मनाया जाता रहेगा।

◻

विवाह की अहमियत

इन दिनों समाज में स्त्री-पुरुष के बीच बिना विवाह के भी सहजीवन की स्वीकृति प्रदान करते हुए सर्वोच्च न्यायालय द्वारा दिए गए दिशा-निर्देश की भिन्न-भिन्न प्रकार से व्याख्या हो रही है। एक प्रमुख समाचार-पत्र ने शीर्षक दिया है—'खेत, मकान और पति का बराबरी बँटवारा'। इसके अंतर्गत इस दिशा-निर्देश का उद्देश्य बताते हुए सहजीवन जी रहे एक स्त्री-पुरुष की जोड़ी के बीच विवाद के निपटारे का स्वरूप भी बताया है। पत्र में सहजीवन में रहनेवाली जोड़ी के लिए 'दंपती' शब्द का प्रयोग किया है। सच बात तो यह है कि 'दंपती' एकवचन है और विवाह के उपरांत ही स्त्री-पुरुष 'दंपती' कहलाते हैं।

यह सच है कि हमारे समाज में भी सहजीवन में रह रहे युवक-युवतियों की संख्या में वृद्धि हुई है। गाँवों या छोटे शहरों और कस्बों से आए लड़के-लड़कियों की बड़े शहरों में पहचान नहीं होती। पहचान के अभाव में वे कुछ भी करते हैं। यह प्रथा भी पश्चिम से आई है। पश्चिम के देशों में भारतीय युवक-युवतियों के साथ अन्य एशिया के देशों के लोग भी गए। पढ़ाई-लिखाई और विवाह में देरी के कारण उन्हें आपसी संबंध की भी आवश्यकता महसूस हुई। वहाँ अपने समाज का कोई देखने-पहचानने वाला तो था नहीं। युवक-युवतियाँ उस समाज की यौन स्वच्छंदता की चकाचौंध में फँस गए। सहजीवन में रहने लगे। कुँआरी माँओं की संख्या बढ़ गई। समाज और सरकार पर उनके बच्चों की व्यवस्था करने का बोझ आया।

भारतीय समाज में 'विवाह' को सात जन्मों का साथ माना गया है। इस बात की बार-बार दुहाई भी दी जाती है। ऐसी बात नहीं कि पत्नीव्रती या पतिव्रती कहलानेवाले सभी-के-सभी स्त्री-पुरुष वैवाहिक संबंधों के तकाजों (धर्म) को पूर्णरूपेण निभाते रहे हैं। अनेक प्रकार से पति और पत्नियों का भी पर-स्त्री या पर-पुरुषों से संबंध रहते आए हैं, लेकिन वे 'पर' ही कहलाते रहे हैं। इन संबंधों के

बनाने और निभाने में चुपचोरी ही बरती जाती रही है। अधिकांश बच्चे अपने ऐसे माता-पिता के विरोधी ही पाए जाते रहे हैं। परिवारों की सुख-शांति जाती रही है।

दूसरी ओर हर गाँव की हर पीढ़ी में दो-चार ऐसी पत्नियाँ देखी जाती रही हैं, जो बच्चा पैदा करने में स्वयं को अक्षम पाकर अधिक आयु में पतियों का विवाह करवाती रहीं। उन्हें पति के वंश चलाने के लिए संतान चाहिए होती थी। हमारे शास्त्र-पुराणों में भी 'नियोग' के उदाहरण मिलते हैं, जब स्त्रियाँ योग्य संतान पैदा करने के लिए ऋषि-मुनियों या समाज के उत्तम पुरुषों से रति के लिए आग्रह करती थीं। इन सब उदाहरणों को देखते हुए इसी निष्कर्ष पर पहुँचा जा सकता है कि स्त्री-पुरुष का संबंध विवाह के रूप में होने पर पारिवारिक जीवन और संपत्ति के हक में एकरूपता और स्थायित्व आता था। पर-स्त्री गमन को कभी भी सम्मान की दृष्टि से नहीं देखा गया।

यह स्पष्ट है कि समाज में सहजीवन की संख्या बढ़ने और गैरकानूनी बच्चों तथा स्त्रियों के हित की रक्षा के हितार्थ ही सर्वोच्च न्यायालय ने यह दिशा-निर्देश दिए हैं, परंतु यह दिशा-निर्देश किसी भी तरह से समायोजित नहीं दिखता। परिवार परंपरा और आदर्श के तो बिल्कुल विपरीत है ही। सहजीवन बनानेवाले स्त्री-पुरुष कभी भी शांति से नहीं रहते। उनके सिर पर सदा एक-दूसरे से कभी भी विलग होने की तलवार लटकती रहती है। विवाहित स्त्री-पुरुष का समाज में सम्मानित स्थान होता है। सहजीवन जी रहे युवक-युवतियों का नहीं।

सर्वोच्च न्यायालय के दिशा-निर्देश में संबंध की अवधि, एक ही घर में रहना और पुरुष के वित्तीय संसाधनों में सहभागिता सहित कई अन्य मुद्दे शामिल हैं। इसके तहत वित्तीय और घरेलू इंतजाम, परस्पर जिम्मेदारी का निर्वाह, यौन संबंध, बच्चे को जन्म देना और उनकी परवरिश करना, लोगों से घुलना-मिलना व संबंधित लोगों की नीयत तथा व्यवहार कुछ ऐसे मापदंड हैं, जिनके आधार पर संबंधों के स्वरूप के बारे में जानने के लिए विचार किया जा सकता है। संबंध की अवधि के दौरान घरेलू हिंसा विरोधी कानून की धारा 2 (एएफ) के तहत स्थिति पर विचार हो सकता है और मामले व स्थिति के हिसाब से संबंध का स्वरूप तक तय किया जा सकता है। घरेलू इंतजाम, कई घरेलू जिम्मेदारियों को निभाना, मसलन सफाई, खाना बनाना, घर की देखरेख करना आदि संबंध विवाह के स्वरूप में होने के संकेत देते हैं।

मनुष्य स्वभाव और पति-पत्नी की अपेक्षाओं पर विचार करें तो एक ही मकान में दोनों का रहना बिल्कुल संभव नहीं है। दूसरी बात यह कि यदि उस

विवाह की अहमियत

महिला को पत्नी के बराबर सारे अधिकार मिलेंगे ही, तो उस रिश्ते को पति-पत्नी का नाम क्यों नहीं दिया जाए? यदि इन रिश्तों को भी 'दांपत्य' कहा जाए तो फिर पुरुष के एक विवाह के कानूनी दर्जे का क्या होगा? इस आदेश के लागू होने पर बहुपत्नीवाद को निश्चित रूप से बढ़ावा मिलने का पूरा-पूरा अंदेशा है।

महिलाओं को सुरक्षा देने के लिए सहजीवन संबंध को शादी की तरह के रिश्ते में लाने और इस तरह उसे घरेलू हिंसा विरोधी कानून के तहत लाने के लिए कुछ दिशा-निर्देश दिए हैं। सुप्रीम कोर्ट ने सहजीवन में रहनेवाले एक दंपती के बीच के विवाद का निपटारा करते हुए यह आदेश पारित किया। इस मामले में महिला ने रिश्ता खत्म होने के बाद पुरुष से गुजारे-भत्ते की माँग की थी। गौरतलब है कि मध्य प्रदेश में लोक अदालत ने सुप्रीम कोर्ट के पहले आए निर्देशों को ध्यान में रखते हुए अपने तरह का अनोखा फैसला भी सुना दिया है। खंडवा की लोक अदालत ने अपने फैसले में कहा कि पति और पत्नी के साथ अब सहजीवन की साथी महिला भी रहेगी। लोक अदालत में पिछले शनिवार आए इस फैसले के तहत धार्मिक नगरी ओंकारेश्वर के मांधाता निवासी पति बसंत माहूलाल और पत्नी शांति के साथ बसंत के साथ पिछले दस साल से सहजीवन (लिव-इन-रिलेशनशिप) में रह रही रामकुमारी भी एक ही घर में रहेगी।

लोक अदालत ने सुप्रीम कोर्ट के सहजीवन को मान्यता देने के मद्देनजर यह फैसला दिया है। उसे अपने जीवनसाथी के मकान, खेत व जमीन में आधा हिस्सा भी मिलेगा। इस फैसले में सबसे अनोखी बात तो यह है कि एक कमरे में पति रहेगा, जो घर के बीच में है। वहीं उसके दूसरी ओर के एक कमरे में पत्नी और दूसरे कमरे में सहजीवन की साथी रहेगी। पति के कमरे का दरवाजा दोनों कमरों में खुलेगा और पति का कमरा दोनों की ओर पंद्रह-पंद्रह दिन के लिए खुलेगा।

खंडवा में हुई लोक अदालत ने समझौते के आधार पर मकान, खेत और पति को भी दोनों के बीच बराबर के हक के साथ बाँट दिया है।

यह अस्वाभाविक और अव्यावहारिक लगता है। हालाँकि दो-तीन पत्नियाँ साथ-साथ रहती आई हैं। उनमें संपत्ति का बँटवारा भी बराबर होता था। पर यह दिशा-निर्देश तो उनके लिए है, जो अविवाहित हैं। एक छत के नीचे दोनों का रहना बच्चों के स्वस्थ विकास के लिए उचित नहीं।

समय और जीवन की स्थितियों में परिवर्तन के साथ पारिवारिक जीवन में भी ढेर सारे परिवर्तन आते जाते हैं, परंतु सहजीवन को सुप्रीम कोर्ट की ओर से मान्यता

मिलना सुखकर नहीं लग रहा। वैवाहिक और स्त्री-पुरुष संबंध की विद्रूपताओं को सामाजिक मान्यताएँ नहीं मिल सकतीं। सुप्रीम कोर्ट तो समाज चलाने के नियम निर्धारण की सबसे बड़ी संस्था है। फिर विवाह-संस्कार की अहमियत का क्या होगा? जिस पर भारतीय समाज को नाज है। हमारी सनातन संस्कृति को अक्षुण्ण रखने में विवाह-संस्कार का बड़ा योगदान रहा है।

सर्वोच्च न्यायालय के आदेश को नकारा नहीं जा सकता, लेकिन सामाजिक हलचल को देख-सुनकर कहा जा सकता है कि विवाह और परिवार के लिए महत्त्वपूर्ण आदेश पर पुनर्विचार अवश्य होना चाहिए।

□

आयु के दो छोर पर—दांपत्य

स्त्री-पुरुष का साथ होना उनकी प्राकृतिक जरूरत है। आहार, निद्रा, भय, मैथुनश्च। ये चारों प्राकृतिक आवश्यकताएँ जीवमात्रा में हैं। मनुष्य बुद्धिमान है। वह भविष्य की योजना भी बनाना सीख गया और मनुष्य की सौ वर्ष की आयु मानकर चार आश्रमों में बाँट दिया। इन आश्रमों का विभाजन उनकी सामाजिक और शारीरिक जरूरतों के अनुसार किया। वैज्ञानिक विभाजन है चार आश्रम। पच्चीस वर्ष की आयु तक ब्रह्मचर्य आश्रम (जीवन जीने की तैयारी), पचास वर्ष की आयु तक गृहस्थाश्रम (बच्चे पालना, गृहस्थी चलाना), पचहत्तर वर्ष तक वानप्रस्थ आश्रम (घर में रहकर ही धीरे-धीरे घर से विलग होना) और पचहत्तर से सौ वर्ष की आयु संन्यास आश्रम। आध्यात्मिक चिंतन और संसार से बीतरागी होने का समय।

सौ वर्षीय जीवन का सोचा-समझा विभाजन था, परंतु हम अपने समय से अधिक प्रभावित होते हैं। एक कालखंड ऐसा आया, जब लड़कियों की सुरक्षा बहुत कठिन हो गई। देश पर शासन कर रहे आततायी जवान लड़कियों को उठाकर ले जाने लगे। अकसर उन्हें अपनी बेगम बना लेते। बहुतों को भोगकर छोड़ देते। गाँव-गाँव में त्राहि-त्राहि मच गई। समाज अपनी समस्याओं का स्वयं निदान निकाल लेता है। तत्कालीन समाज ने अपनी छोटी दुधमुँही बेटियों का कन्यादान करना प्रारंभ किया। 'अष्ट वर्षे भवेत गौरी' मान लिया। यहाँ तक प्रचलित-प्रसारित हुआ कि मासिक कार्य प्रारंभ होने से पूर्व ही कन्यादान करने का फल मिलता है। छोटी बेटियाँ ब्याही जाने लगीं। उसके दुष्परिणाम हुए। यह समाज का रिवाज है। नए नियम को स्वीकार करने में जितना समय लगता है, उससे कई गुणा समय पुराने को गलत मानकर छोड़ने में लगता है।

दो सौ साल बीत गए। बाल-विवाह को गैरकानूनी बना दिया गया। इसके

दुष्परिणामों का जमकर प्रचार-प्रसार होता रहा, अब तो इलेक्ट्रोनिक माध्यम से प्रचार हो रहा है। विधायिका, कार्यपालिका, न्यायपालिका तथा प्रेस के पुरजोर से भी सख्त कानून बना दिए गए। सजा भी सुनाई जाती है। बाल-विवाह नहीं रुक रहे। यह एक बड़ी समस्या है। लड़का-लड़की की शिक्षा को एक उपाय बनाया गया। ज्यों-ज्यों शिक्षा का प्रचार-प्रसार हुआ, विवाह की उम्र बढ़ने लगी।

आज मुसीबत यह आ गई है कि 30-35 वर्ष की आयु तक विवाह के बारे में विचार करने का समय भी नहीं। ऐसे युवाओं की संख्या देश की आबादी के अनुसार भले ही कम हो, यह प्रभावशाली वर्ग है। यों तो समाचार-पत्रों में 50 से 70 वर्ष के प्रौढ़ों के बीच भी विवाह-सूत्र में बँधने की खबरें आती रहती हैं। परंतु पाठक समझते हैं कि वैसी प्रौढ़ जोड़ियों के बनने के विवाह के उद्देश्य से हटकर कारण होते हैं। अकेलापन दूर करना या संपत्ति की सुरक्षा। और भी कारण हो सकते हैं। पर विवाह का उद्देश्य तो स्त्री-पुरुष के लैंगिक सुख को नियंत्रित करना, बच्चा पैदा करना और उनका लालन-पालन करना है। विवाह होने के उपरांत ही परिवार बनता है और परिवार में रहकर परिवार की जिम्मेदारियाँ निभानी होती हैं।

छोटी उम्र में विवाह होने पर परिवार का बोझ बालक-बालिकाओं का विकास कुंठित और अवरुद्ध कर देता है, अब तो दूसरी समस्या खड़ी हो गई। पढ़ाई-लिखाई ही नहीं, कई-कई वर्षों तक अर्थोपार्जन करने के बाद विवाह के अनिर्णय में फँसे रहकर अंत में विवाह का निर्णय भी व्यक्ति और परिवार के लिए उचित नहीं होता। अध्ययन बताते हैं कि अल्पायु में हुए विवाहों में विच्छेद की संभावनाएँ कम रहती हैं। अधिक उम्र में विवाह होने पर विवाह-विच्छेद अधिक होते हैं। कारण स्पष्ट है। कम उम्र में एक-दूसरे से सामंजस्य बैठाने में सुविधा होती है। अनुभव से व्यक्तियों में दूसरे के साथ कदम-से-कदम मिलाकर चलने या दूध पानी की तरह मिल जाने की शक्ति क्षीण हो जाती है।

उच्च पढ़ाई-लिखाई की डिग्रियों के उपरांत डॉलर और पैकेज कमाने में लग जा रहे हैं लड़के-लड़कियाँ। विवाह की कहाँ फुरसत है। पैकेज देनेवाली कंपनियाँ खून चूसती हैं। सिर तक हिलाने नहीं देतीं। न दिन, न रात। ऊपर से 'लिविंग टूगेदर' जैसे संग-साथ का फैशन आ गया है। विवाह की तो जिम्मेदारियाँ होती हैं। अधिक पैसा कमानेवाली युवा पीढ़ी बहुतायत आमदनी को सँभालने में लगी है। पति-पत्नी को सँभालने की तौबा। इसलिए उस वर्ग में विवाह में बहुत देर हो रही है। विवाह हो भी गया, तो बच्चा पैदा करने की जहमत कौन उठाए।

इस प्रकार भारतीय समाज, जहाँ विवाह को महत्त्व दिया जाता रहा है, विवाह-संस्कार पर ही संकट गहरा रहा है। यों तो विवाह भी अब संस्कार नहीं, व्यापार हो गया है। विवाह के उद्देश्य भी बदले हैं, परंतु यहाँ अब विवाह के लिए निर्धारित आयु पर ही विचार करें तो लड़की के लिए 18 वर्ष और लड़के के लिए 21 वर्ष है। समाज के जिस बड़े वर्ग में शादियाँ 14 से 18 वर्ष के बीच होती आई हैं, उस वर्ग की लड़की-लड़के टी.वी. सिनेमा से प्रभावित हो रहे हैं। यौन शुचिता की धारणा और समाज भय समाप्त हो रहा है। इसलिए यहाँ भी लड़कियों का विवाह 18-19 वर्ष तक नहीं रोका जा रहा। टी.वी. धारावाहिक और सिनेमा में देखे गए दृश्यों से यौन संबंधी जानकारी भी कम उम्र में ही मिल जाती है। काम करनेवाले माता-पिता (शहरों में) को बेटी की सुरक्षा के लिए समय नहीं मिलता। वे 18 वर्ष से पूर्व बेटी नहीं ब्याहने की जानकारी रहते हुए भी छोटी उम्र में बेटियाँ ब्याह रहे हैं।

जीवन का हर क्षेत्र विरोधाभासों से भरा है हमारा बृहत् समाज। विवाह के रीति-रिवाज और तरीके भिन्न-भिन्न हैं ही, पर इनकी उम्र में आ रहे फासले भी चौंकानेवाले हैं।

भेदभाव रोकने के लिए कानून बनाए जाते हैं। एक स्थिति और समस्या हो तो कानून लागू हो। कम उम्र के विवाहों को प्रतिबंधित करने के लिए बने कानून सख्ती से लागू करने के प्रयास हुए, तो युवा पीढ़ी ने अपनी उम्र बहुत बढ़ा ली। कम उम्र और अत्यधिक उम्र में हो रहे विवाहों में मूल अंतर विवाह के निर्धारण में है। कम उम्र में बच्चों के विवाह का निर्णय जहाँ माता-पिता का होता है, वहीं विवाह की उम्र अधिक बढ़ा लेने का निर्णय युवा पीढ़ी का होता है। उनकी संख्या भले कम हो, यह समाज का प्रभावी वर्ग है। यही वर्ग बच्चा पैदा करने से भी कतराने लगा है।

पढ़े-लिखे लड़के-लड़कियों की इन समस्याओं की ओर समाज-चिंतकों का भी ध्यान गया है। इनकी समस्या पर चिंतन और चिंता करना आवश्यक है। उन्हें एहसास कराने की जरूरत है कि पैसा कमाना भी जीवन जीने के लिए है। जीवन भी अकेला नहीं होता। विवाह, अनिवार्य नहीं तो आवश्यक अवश्य है। जीवनसाथी, बच्चा, परिवार सब चाहिए। और ये सारे कार्य भी समय से हों तो अति उत्तम! जरूरत से अधिक कम नहीं, तो समय से बहुत अधिक आगे भी तो नहीं हों।

□

हिंदू विवाह कानून को चुनौती

समय के साथ जीवन स्थितियाँ बदलती हैं। जीवन से जुड़े सारे आयामों, विधि-विधानों में भी परिवर्तन होना अपरिहार्य हो जाता है। हमारे पारिवारिक जीवन का आधार विवाह-संस्कार ही है। इसी संस्कार के उपरांत दो भिन्न लिंग, भिन्न पारिवारिक परिवेश और भिन्न व्यक्तित्व के दो व्यक्ति दो से एक होने की राह पर चलने का संकल्प लेते हैं। वह 'द्वि' एक है। परिवार, समाज और बच्चों के लिए इस दांपत्य का दीर्घायु होना भी आवश्यक माना जाता रहा है। यह संबंध सहज-स्वाभाविक नहीं होता, परंतु इस संबंध के बनने के बाद टूटने पर बहुत सी विसंगतियाँ आती हैं, जिन्हें मात्र पति-पत्नी ही नहीं, वरन् बच्चों और परिवार के सदस्यों को भी भुगतना पड़ता है। इसलिए परिवार, समाज, सरकार और कानूनविदों की कोशिश होती है कि विवाह टूटे नहीं। तात्पर्य यह भी नहीं कि दोनों के एक साथ नहीं रहने की स्थितियाँ बनने पर भी वे साथ रहने के लिए मजबूर किए जाएँ। इसलिए किसी भी संप्रदाय के अंदर विवाह के कानून में दोनों बातों पर ध्यान दिया जाता है, अर्थात् विवाह शीघ्रता से नहीं टूटे। और यह भी कि दोनों घुट-घुटकर न मरें। अलग रहकर जिंदगी बिताने की उन्हें छूट मिले।

आज एक बार फिर हिंदू विवाह कानून में संबंध-विच्छेद के लिए पति की सहमति मिलने की धारा पर प्रश्न उठाया जा रहा है। हिंदू रीति से संपन्न विवाह को परस्पर सहमति से समाप्त करने, यानी विवाह-विच्छेद के लिए हिंदू विवाह कानून के तहत पति की रजामंदी अनिवार्य है। लेकिन अब विवाह-विच्छेद के लिए पति की रजामंदी की अनिवार्यता वाले इस प्रावधान की वैधानिकता को लिंगभेद के आधार पर चुनौती दी गई है।

एक समाचार-पत्र में छपी खबर के अनुसार—"सुप्रीम कोर्ट ने हिंदू विवाह कानून की धारा 13-बी की वैधानिकता को चुनौती देनेवाली याचिका पर केंद्र

सरकार को नोटिस जारी किया है। प्रधान न्यायाधीश के.जी. बालाकृष्णन, न्यायमूर्ति अशोक कुमार गांगुली और न्यायमूर्ति बी.एस. चौहान की तीन सदस्यीय खंडपीठ ने बुधवार को ऊर्जा मंत्री सुशील कुमार शिंदे की पुत्री स्मृति शिंदे की याचिका पर संक्षिप्त सुनवाई के बाद केंद्र सरकार और संजय पहाड़िया को नोटिस जारी किए। स्मृति शिंदे की ओर से वरिष्ठ अधिवक्ता हरीश साल्वे ने बहस करते हुए कहा कि परस्पर सहमति से विवाह-विच्छेद के मामले में भी पति की रजामंदी अनिवार्य करने संबंधी हिंदू विवाह कानून के प्रावधान से संविधान में प्रदत्त समता और गरिमा के साथ जीने के मौलिक अधिकारों का हनन होता है। स्मृति शिंदे ने रिट याचिका के माध्यम से हिंदू विवाह कानून की धारा 13बी की वैधानिकता को चुनौती दी। याचिका में कहा गया कि स्मृति और संजय के बीच वैवाहिक जीवन फिर से शुरू करने और जीवन की गाड़ी आगे बढ़ाने की कोई संभावना नहीं है। याचिका के अनुसार स्मृति अब किसी भी सूरत में संजय के पास नहीं जाना चाहती थी। स्मृति शिंदे का 1993 में संजय पहाड़िया से विवाह हुआ था। जनवरी 2005 से स्मृति और संजय अलग-अलग रह रहे थे। दोनों बच्चे अपनी माँ के साथ ही रह रहे थे। पति-पत्नी ने परस्पर सहमति से विवाह-विच्छेद के लिए हिंदू विवाह कानून की धारा 13बी के तहत अदालत में अरजी दायर की थी।"

इस याचिका को लोग स्त्री सशक्तीकरण से भी जोड़ रहे थे, अर्थात् स्त्री यदि तलाक माँगती है तो उसे बिना उसके पति की अनुमति के भी तलाक मिलना चाहिए। सच बात तो यह है कि कानून में धारा-13 बी का प्रावधान विवाह को शीघ्रातिशीघ्र टूटने से बचाने की मनसा से ही किया गया होगा। विवाह दोनों की सहमति से ही संपन्न होता है। हिंदू विवाह पद्धति में लाजाहोम और सात फेरे के बाद भी विवाह संपन्न नहीं होता। पति पत्नी से तीन वचन लेता है। पत्नी पति से सात वचन लेती है। इन वचनों का तात्पर्य यही है कि उन्हें आजीवन विवाह निभाना पड़ेगा। वचनों के टूटने का अर्थ ही विवाह-विच्छेद समझा जाएगा। ये वचन वैवाहिक जीवन को सुखी और सहयोग पूर्ण बनाने के लिए ही हैं।

आज विवाह-संस्कार भी एक औपचारिकता रह गई है। मनोरंजन का कार्य। उनके मंत्रों, वचनों और प्रतीकात्मक रस्म-रिवाजों पर कौन ध्यान देता है ?

यह सही है कि आज कोर्ट से तलाक लेने में वर्षों बीत जाते हैं। बच्चे पल जाते हैं। दूसरी शादी करने की उम्र बीत जाती है। फिर विवाह-विच्छेद का मतलब ही क्या हुआ ? इसलिए तलाक के कानून में परिवर्तन लाने की बार-बार बात उठती

है। यह भी सच है कि हजारों जोड़ियाँ कोर्ट में विवाह-विच्छेद की याचिका दायर कर बैठी हैं। उन्हें शीघ्र राहत मिलनी ही चाहिए। परंतु सिक्के का दूसरा पक्ष भी है। यदि पति से अनुमति लेने की बात भी हटा दी जाए, विवाह-विच्छेद की संख्या बहुत बढ़ जाएगी। इतना ही नहीं, अन्य कानूनों की तरह इसका भी दुरुपयोग होगा, जिन्हें हमारा समाज भुगत रहा है। यह सही है कि विवाह-विच्छेद के लिए पति-पत्नियों की ओर से अर्जियाँ दायर करने पर दूसरी ओर से शीघ्र सहमति न देने का कारण भी मामला लटकाए रहने की मनसा होती है। तबाह करने की। फिर ऐसी मनसा वाले पति के साथ आगे रहने का भी कहाँ प्रश्न उठता है। और रहने की संभावना ही नहीं तो देर तक मामला क्यों लटके ?

दोनों बाते हैं। खंडपीठ के लिए भी याचिका पर निर्णय लेना इतना आसान नहीं था। किसी भी एक की माँग पर तलाक दे देना उचित नहीं होगा। पर रजामंदी के लिए समय-सीमा अवश्य निर्धारित करनी चाहिए। इतना भी निश्चित है कि धारा-13बी को लिंगभेद के परिप्रेक्ष्य में नहीं देखना चाहिए।

समय के साथ कानून में परिवर्तन हो, पर स्मरण रखना चाहिए कि साँप तो मरे, पर लाठी भी न टूटे। कानून महज दूसरे पक्ष को सजा दिलाने के लिए नहीं होता।

□

संस्कार या व्यापार

उस दिन श्रीमती 'क' बड़े गर्व से बार-बार दुहरा रहीं थीं, "मैने अपनी बेटी की शादी में एक करोड़ रुपए खर्च किए। पचास हजार नगद और तीन लाख का सामान तो समधी को दिया।"

'सहयोगिनी' संस्था की अध्यक्ष के नाते मैं उनके मामले की सुनवाई कर रही थी। उनकी शिकायत थी कि ससुरालवाले उनकी बेटी की इज्जत नहीं करते। इतना देने-लेने के बाद तो उनकी बेटी को सिर पर बैठाए रखना था। हम लोग उनकी गुहार सुनते रहे। मैंने पूछा, "बहन जी! आपने अपने समधी के साथ कोई व्यापार समझौता किया था?"

वे खीझ गईं। बोली, "मैं यहाँ व्यापार की बात नहीं करने आई हूँ। बेटी के विवाह के बारे में आपको जानकारी दे रही थी।"

शांत भाव से ही मैंने फिर अपना प्रश्न दुहराया। वे चिल्लाईं, "मैं विवाह की बात करती हूँ। आप व्यापार की बात क्यों कर रही हैं? आपकी यह समिति दहेज विरोधी समिति है या व्यापार विरोधी?" उन्होंने उल्टा प्रश्न फेंका। मैंने कहा, "हमारी समिति तो दहेज प्रताड़ित बहुओं के ही दुखड़े सुनती हैं। ससुरालवालों का सम्मन करती है। उन्हें सजा दिलाती है, परंतु आपने बेटी के विवाह का वर्णन करते हुए एक करोड़ रुपए का खर्च, एक लाख नगद से ही शुरुआत की है। मुझे ऐसा लगा कि आपने अपने होने वाले समधी से कोई व्यापारिक समझौता किया हो। मानो बेटी का विवाह भी उस समझौते की एक छोटी और उपेक्षित शर्त हो।"

वह अधवयसा नाराज हो गई। भौंहें चढ़ाती हुई बोली, "विवाह में इतने खर्च हुए तो बताने ही पड़ेंगे।"

मैंने उस विवाहिता से पूछा, "तुमने अपने छह महीने के ससुराल जीवन में सास-सुसर के लिए कितनी बार चाय बनाई?"

"एक बार भी नहीं। मैं तो नौ बजे सोकर उठती हूँ। वे पाँच बजे चाय पीते हैं। मैंने तो अपने घर में अपने मम्मी-पापा के लिए भी कभी चाय बनाई ही नहीं।"

माँ और बेटी दोनों अपनी जगह ठीक थीं। माँ ने एक करोड़ रुपए खर्च किए, क्यों न बोले। बेटी ने माँ-बाप के लिए चाय नहीं बनाई, फिर सास-ससुर के लिए कैसे बनाती। दरअसल समाज में श्रीमती 'क' अकेली नहीं है। आज विवाह के बारे में जिससे भी सुनिए, यही बखान करता सुना जाता है। अपने समाज में दहेज का लेन-देन बहुत पुराना है। पुराण की कथाओं, रामचरितमानस और भी ग्रंथों में विवाह के समय बेटी को दहेज देने का वर्णन है। मुझे कभी-कभी लगता है कि बेटी का पिता अपनी बेटी को साथ इतना दहेज भी देता है, फिर उसका ही स्थान समाज में बेटे वालों से नीचा क्यों है? समाज बेटी के पिता से ही अति विनीत होने की अपेक्षा क्यों रखता है? हमारे शास्त्रों में दान देनेवाले को हमेशा आदर की दृष्टि से देखा जाता रहा है। फिर बेटी के पिता को क्यों नहीं? दरअसल दहेज देने की परिपाटी तो थी। माँगने की नहीं।

जब से लड़केवालों द्वारा दहेज माँगने और लड़की के पिता द्वारा गलत पैसा कमानेवालों के लड़कों से रिश्ता जोड़ने का आकांक्षी होना प्रारंभ हुआ, तभी से दहेज एक अभिशाप बन गया है। बहुएँ सताई, जलाई और प्रताड़ित की जा रही हैं। लड़के भी विवाह से भय खाने लगे हैं। क्योंकि न जाने कब कौन बहू महिला आयोग या थाने चली जाए।

दरअसल विवाह एक संस्कार है। लड़के-लड़कियों को मिलाकर एक नया परिवार बसाना है। दोनों की कुंडली (जन्म कुंडली, स्वास्थ्य कुंडली, वंश कुंडली) मिलानी है। दो परिवारों का संस्कार और उनके खानदानी बीमारियों की जाँच-पड़ताल है—जैसे तत्त्व पीछे छूट गए। यहाँ तक कि तथाकथित प्रेम-विवाहों में भी दहेज की माँग और पूर्ति होती है। कहीं से भी विवाह एक संस्कार नहीं रहा। व्यापार बन गया है। विवाह के समय बारातियों का नाच-गान, जयमाल के समय स्टेज पर दूल्हा-दुलहन के मित्रों और सखियों द्वारा हो-हल्ला, खान-पान, सजावट यही सारे तत्त्व मायने रखते हैं। विवाह के समय कन्यादान, लाजाहोम और सिंदूरदान के समय पढ़े गए मंत्रों के गंभीर संदेशों पर किसी का ध्यान नहीं होता। इसलिए दो प्राणियों के मिलन का उत्सव गौण हो जाता है। उस उत्सव के समय की भव्यता पर ध्यान रहता है।

बड़ी तेजी से टूट रहे हैं विवाह। एक व्यक्ति का दूसरा, तीसरा, चौथा विवाह

हो रहा है। विवाह-संस्कार में विद्रूपताएँ आ रही हैं और हम सोचते हैं कि हम आधुनिक हो रहे हैं। समाज और सरकार ने इन समस्याओं से निबटने के उपाय किए हैं। परिवार परामर्श केंद्र, दहेज विरोधी सेल, महिला आयोग, पारिवारिक न्यायालय जैसी नई व्यवस्थाएँ परिवार को जोड़ने के लिए हैं। इन संस्थाओं में पारिवारिक मनमुटाव और शिकायतें सुनी जाती हैं। उचित परामर्श दिए जाते हैं। उनकी कोशिश होती है कि परिवार टूटे नहीं, परंतु विवाह टूट रहे हैं। टूटे हुए विवाहों से परिवार और समाज भी पेरशान है।

दु:खद पक्ष यह है कि वैवाहिक जीवन में सामंजस्य न होने के जितने भी कारण गिनाए जाते हैं, वे सही नहीं होते। सही बात तो यह है कि हमारे जीवन में धन का इतना प्रभाव हो रहा है कि विवाह जैसे पवित्र गठबंधन में भी पैसे का प्रभाव ही दिखता है। जोड़ी मिलाते समय लड़के की कमाई, उसके घर की संपत्ति और आगे कमाने की संभावनाएँ ही देखी जा रही हैं। लड़का-लड़की के संस्कार, गुण नहीं। कुंडलियों के छत्तीस गुण भले ही मिलते हों। यदि विवाह निश्चित करते समय दोनों परिवारों की समृद्धि ही देखी गई तो सोचना पड़ता है, "वैवाहिक संस्कार या व्यापारिक समझौता?"

□

हिंदू विवाह कानून में संशोधन

वैदिक रीति से संपन्न हुए विवाह को हिंदू विवाह कहा जाता है। अन्य संप्रदायों के बीच कानूनों में विवाहों के नियमों को कानूनी मान्यता देते हुए इधर हिंदू विवाह कानून भी बनाया गया। 1955 में बने इस कानून में कई बार संशोधन हो चुके हैं। ऐसे कानूनों में भी समय के अनुसार समाज में आए परिवर्तनों को देखकर संशोधन होते ही रहते हैं।

हिंदू विवाह कानून बनाते समय विवाह की रीति में आए संकल्पों का भी गहराई से अध्ययन होना चाहिए था। सनातन भारतीय मान्यता के अनुसार विवाह दो व्यक्तियों का मिलन नहीं, वरन् दो परिवारों का मिलन है। इसलिए विवाह के समय दो परिवारों के गुण-दोष, गोत्र और आर्थिक स्थितियाँ मिलाई जाती रही हैं। सास-ससुर, ननद-देवर के स्वभावों का भी पता लगाया जाता रहा है। इसके पीछे यही भाव कारण रहता आया है कि विवाह टिकाऊ हो। विवाह का टिकाऊ होना इसलिए भी जरूरी है कि उस दंपती पर दो पीढ़ियाँ अवलंबित होती हैं। लड़के के माता-पिता (दादा-दादी हों तो वे भी) और बच्चे। विवाह के टूटने पर मात्र पति-पत्नी नहीं, वरन् उनके माता-पिता और बच्चे भी प्रभावित होते हैं। इसलिए विवाह के अवसर पर कन्यादान, सात फेरे, लाजा होम के बाद पति के वाम भाग में बैठने के पूर्व कन्या अपने वर से सात वचन लेती है। हिंदू विवाह रीति में विवाह शर्तों पर आधारित नहीं है। वह समझौता भी नहीं, संकल्प है, संस्कार है। वैदिक विवाह रीति में कन्या की ही प्रधानता होती है, मानो विवाह स्त्री के लिए ही रचाए जाते हैं। तभी तो कन्या वर से सात प्रतिज्ञाएँ करवाती है।

कन्या द्वारा ली गई पहली प्रतिज्ञा—'बिना किसी कारण से तुम रात को बाहर नहीं बिताओगे। बाहर भोजन भी नहीं करोगे।'

दूसरी प्रतिज्ञा—'तेरे सुख-दुःख, भाई-बंधु अब मेरे होंगे। मेरा पालनकर्ता

बनकर तुम मेरी सब जरूरतें पूरी करना।' वर स्वीकारता है।

तीसरी प्रतिज्ञा—'मैं तुम्हारी शक्ति लेकर अपनी शक्ति बढ़ाऊँगी।'

चौथी प्रतिज्ञा—'मैं तुम्हारी खातिर जिऊँगी। तुम मेरी चिंता करना।'

पाँचवीं प्रतिज्ञा—'मैं रूठूँ, झगड़ूँ, तब भी तुम शांत रहना। बुरा मत मानना।'

छठी प्रतिज्ञा—'मेरे माता-पिता ने पाल-पोसकर कन्यादान किया है। उन्होंने कुछ दिया न दिया, तुम कभी ताना मत मारना।'

सातवीं प्रतिज्ञा—'हवन, यज्ञ और सभी धार्मिक कार्यों में मैं तुम्हारी भागीदार रहूँगी, परंतु तुम्हारे पाप कार्यों में मैं भागीदार नहीं रहूँगी। मैं अपना धर्म भी नहीं बाँटूँगी। तुम पराई स्त्री का संसर्ग कभी नहीं करोगे।'

वर द्वारा उपरोक्त सात वचनों को स्वीकार करने पर कन्या उसके वाम भाग में बैठती है। शिलारोहण करती है। दोनों को ध्रुवतारा दिखाया जाता है, अर्थात् विवाह के सभी विधि-विधान में इसके दीर्घायु होने की कामना की जाती है।

इन प्रतिज्ञाओं में से दूसरी और छठी प्रतीज्ञा की ओर मैं ध्यान खींचना चाहूँगी। वे हैं—'तुम्हारे माता-पिता, भाई-बंधु अब मेरे होंगे' और 'मेरे माता-पिता ने कुछ दिया, न दिया, तुम कभी ताना मत मारना।' तात्पर्य यह कि दोनों ओर के माता-पिता उस विवाह-संस्कार के हिस्सा हैं। उनको अपनाकर उनकी देखरेख करना भी विवाह के समय कन्या ने स्वीकार किया है। फिर हिंदू विवाह कानून बनाते समय विवाह के प्रमुख घटक लड़के और लड़की के माता-पिता क्यों छूट गए। दहेज प्रतिबंधन कानून में उनको नहीं छोड़ा गया है। बहू द्वारा लगाए सच या झूठे आरोपों पर आज सैकड़ों सास-ससुर जेल की हवा खा रहे हैं; परंतु हिंदू विवाह कानून में तलाक माँगते या देते समय माता-पिता की समस्याओं पर विचार ही नहीं किया गया। हिंदू विवाह कानून की धारा 13बी के तहत विवाह-विच्छेद के लिए नौ आधार बताए गए हैं—विवाहेतर संबंध, क्रूरता, परित्याग, धर्म-परिवर्तन, मानसिक संतुलन बिगड़ने, कुष्ठ रोग जैसी असाध्य बीमारी, संन्यास लेने और सात साल या इससे ज्यादा समय से जीवन साथी के जीवित होने के बारे में कोई खबर नहीं होने। विवाह-विच्छेद के इन आधारों में आपसी सहमति भी जोड़ा गया है। परंतु इन आधारों में कहीं भी माता-पिता को अवहेलना या उनसे पूछताछ, उनका विचार लेना नहीं जोड़ा है। तात्पर्य यह कि जिस हिंदू रीति से हुए विवाह के संरक्षण के लिए कानून बनाया गया है, उसमें विवाह में वधू के द्वारा वर से लिये गए वचन या प्रतिज्ञाओं की अवहेलना कर दी है।

हाल ही में हिंदू विवाह कानून और विशेष विवाह कानून में संशोधन लाने के लिए विधि आयोग के सुझाव पर केंद्रीय मंत्रिमंडल ने संसद् में विधेयक लाने की स्वीकृति दे दी है। समाचार-पत्रों ने लिखा—"अब हिंदू विवाह में तलाक बहुत आसान हो जाएगा।" संशोधन के सुझावों के औचित्य पर मैं फिर बात करूँगी। यहाँ तो मेरा कहना है कि संशोधन यह होना चाहिए कि विवाह-विच्छेद की स्वीकृति देते समय माता-पिता का विचार लेना या उनकी स्थिति पर विवाह-विच्छेद के प्रभाव का आकलन अवश्य होना चाहिए। कानून में एक नई धारा ही क्यों न जुड़े। और बच्चों का भी ध्यान रखा जाए। अन्यथा हिंदू विवाह कानून को भी परिवार तोड़क बना दिया जाएगा। ग्राम्य संयुक्त परिवारों में अकसर ऐसा होता था कि पति-पत्नी के बीच आपस में बातचीत नहीं होती थी, पर परिवारवाले उस पत्नी को ही घर की मालकिन बना देते थे। उसका भरण-पोषण तो हो ही जाता था। तलाक के कानून के अनुसार भरण-पोषण भी न्यायालय द्वारा निर्धारित राशि पर ही होता है। जो अबतक उपयुक्त राशि नहीं मानी जाती।

दरअसल अब विवाह के रस्म-रिवाज, विधि-विधान और मंत्रों पर किसी का ध्यान नहीं जाता। विवाह के अवसर पर नाच-गान, खाना-पीना और ऐश करने में लोग रमे रहते हैं। पंडितजी को शीघ्र विवाह संपन्न कराने के लिए अलग से दान-दक्षिणा दिए जाते हैं। पंडित भी विवाह की गंभीरता को नहीं सुनाते। विवाह में उपयोग में लाई जानेवाली वस्तुओं के प्रतीकात्मक महत्त्व नहीं बताते। तभी तो हिंदू विवाह-संस्कार को छिन्न-भिन्न करने की व्यक्तिगत, सामाजिक और सरकारी कोशिश हो रही है। हम भूल जाते हैं कि विवाह-संस्कार के लुप्त होने, परिवारों के बिखरने से व्यक्ति, परिवार, समाज ही नहीं, राष्ट्र की मूल धारणाएँ भी छिन्न-भिन्न होंगी। क्योंकि हिंदू जीवन पद्धति में सब एक-दूसरे से जुड़े हैं। गृहस्थाश्रम पर निर्भर हैं तीनों आश्रम। हिंदू जीवन पद्धति का ताना-बाना परिवार में ही बुना जाता है। जिसे तोड़ने के लिए कानून को आसान बनाने पर सब तुले हैं। सभी बिंदुओं पर गंभीरता और दूरदृष्टि से विचार करना है।

डॉ. एनी बेसेंट ने हिंदू विवाह पद्धति का गहराई से अध्ययन किया था। उन्होंने सावधान किया था—"सावधान! कहीं आप भारतीय नारी के अंत:करण में स्थित विवाह की पवित्रता और त्यागमय जीवन की श्रेष्ठता की जड़ें न खोद दें। उन्होंने युग-युग से अपने आदर्शों को उन्नत रखा है, पति-प्रेम को एक आध्यात्मिक शक्ति के रूप में सँजोया है, न कि केवल काम-वासना की पूर्ति अथवा सांसारिक सुख के

हिंदू विवाह कानून में संशोधन

रूप में। सावधान! आप कहीं उनके समक्ष विषय-सुखों को आध्यात्मिक सुख से अधिक मोहक और सुख-सुविधा एवं भोग-विलास के जीवन को स्वकर्तव्य और स्वार्थ-त्याग के जीवन से अधिक आकर्षक रूप में प्रस्तुत न कर दें। नारियाँ ही भारत को पतन से बचाएँगी, किंतु वे नारियाँ नहीं, जिनके आदर्श डिगते जा रहे हैं। अभिजात और आत्मत्याग नारी के अंत:करण में अधिष्ठित है, भारत की पुत्रियाँ ही हिंदू धर्म और हिंदू परिवार को सुरक्षित रखे हुए हैं और आगे भी रखेंगी।"

हिंदू विवाह कानून में बार-बार परिवर्तन कर विवाह-संस्कार को ही विद्रूप नहीं बनाना चाहिए। संशोधन करते समय सरकार और न्यायालय स्त्री हक और सुविधा की दुहाई देते हैं। पर हिंदू विवाह के महत्त्व को छिन्न-भिन्न करनेवाले स्त्री विरोधी हैं।

☐

आवश्यक है विवाह पूर्व परामर्श

विवाह एक महत्त्वपूर्ण संस्कार है। किसी भी रीति-रिवाज से विवाह संपन्न हो, उसका दीर्घायु होना सबके हित में होता है। दूल्हा-दुलहन, परिवार, बच्चे, समाज और सरकार भी। विवाह के समय लिये गए शपथ और वचन का अर्थ होता है विवाह को निभाना। इधर कई वर्षों से अपने देश में भी विवाहों के धड़ल्ले से टूटने की खबरें आ रही हैं। इस टूटन के कारणों में लड़कियों की महत्त्वाकांक्षी शिक्षा और आत्मनिर्भरता को भी माना जाने लगा है। ऐसी बात नहीं है। दरअसल आज पढ़ाई-लिखाई के बोझ तले लड़के-लड़कियों को विवाह के बारे में सोचने और मन बनाने का समय ही नहीं मिलता। 1977 में दिल्ली में महिला दक्षता समिति द्वारा संचालित 'परिवार परामर्श समिति' में काम करते हुए मुझे यह एहसास हुआ था कि पति-पत्नी के बीच आपसी मनमुटाव, दो परिवारों के बीच खींचातानी तथा विवाह से संबंधित अन्य मामलों के घटने के पीछे युवा पीढ़ी के मन में विवाह के उद्‍देश्य की जानकारी और उसे निभाने की कला का अभाव है। इसलिए परिवार परामर्श से पहले 'विवाह पूर्व परामर्श' आवश्यक है।

1998 में केंद्रीय समाज कल्याण बोर्ड की अध्यक्ष के नाते मैंने इस विचार को समाज के सामने रखा था। एक राष्ट्रीय गोष्ठी भी करवाई थी। सभी मजहबों के प्रतिनिधियों को आमंत्रित किया गया था। हिंदू, क्रिश्चियन, मुसलिम, पारसी सभी आए थे। क्योंकि भिन्न-भिन्न रीतियों से विवाह संपन्न होते हैं। यों तो विवाह के समय सभी पंडित, मुल्ला और पादरी विवाह के दीर्घायु होने के ही सूत्र बतलाते हैं, लेकिन इतने से बात नहीं बनती। हमारे लोक-जीवन में विवाह को स्थायित्व प्रदान करने की शिक्षा, लोकगीतों, लोकरीतियों और अन्य पर्व-त्योहारों के माध्यम से दी जाती थी। अपने घरों में ही लड़के-लड़कियाँ बचपन से तीन-तीन पीढ़ियों की जोड़ियों के बीच नोंक-झोंक, लड़ते-झगड़ते, आपस में बिना संवाद के भी विवाह

को निभते देखते थे। इतनी बात तो समझ में आती थी कि विवाह न मनोरंजन के लिए होता है, न मात्र दो व्यक्तियों के बीच का संबंध। जहाँ विवाह एक कर्तव्यपालन है, वहीं दो परिवारों के बीच का संबंध।

अब शहरी एकल जीवन, बच्चों की पढ़ाई-लिखाई तथा अपना जीवन जीने की ललक बहुत सी पारंपरिक मान्यताओं और पारिवारिक व्यवहारों को समाप्त कर रही है। इनके कारण विवाह धड़ल्ले से टूट रहे हैं। दो व्यक्तियों की समस्याएँ ही नहीं, परिवारों, समाज और सरकार की समस्याएँ भी बढ़ रही हैं। अधिक-से-अधिक रुपए कमाने की शिक्षा लड़का-लड़की दोनों को दी जा रही है। पर अधिक दिनों तक या पूरी जिंदगी विवाह को निभाने की शिक्षा नहीं दी जा रही। मैंने जब विवाह पूर्व परामर्श की आवश्यकता पर बल दिया था तो कई लोगों ने इसे यौन शिक्षा से संबंध जोड़ा था। विवाह मात्र यौन संबंध के लिए नहीं है। परिवार बसाने, निभाने, बच्चों को संस्कारित करने के साथ-साथ गृहस्थ जीवन से समाज की भी सेवा करने का उद्देश्य निहित होता है। विवाह पूर्व परामर्श के लिए बने पाठ्यक्रमों में इन बातों पर ही बल दिया जाना चाहिए।

विवाह अनिवार्य नहीं, आवश्यक अवश्य है। आज कई कारणों से युवक-युवतियाँ विवाह से भय खाने लगे हैं। उनके विवाह संपन्न होने में इसलिए भी बहुत देर हो जाती है।

सबसे पहली बात है कि हम विवाह को निभाने की आवश्यकता को महसूस करें, फिर तो पाठ्यक्रम भी बन जाएँगे। लड़के-लड़कियाँ पढ़ना भी चाहेंगे। परामर्श आवश्यक है।

◻

विवाह-विच्छेद : सामाजिक सरोकार

स्त्री-पुरुष के शरीर और मन की आवश्यकतानुसार समाज ने एक युवती एवं एक युवक को विवाह-सूत्र में बाँध परिवार बसाने की परंपरा बना दी। उसे जीवन को सफल बनाने के लिए सोलहों संस्कारों में से एक महत्त्वपूर्ण संस्कार ही माना। मुसलिम और ईसाई समाज में भी विवाह को महत्त्व दिया गया है। एक समझौता माना गया है। आज भी सभी संप्रदायों में विवाह की रस्म बहुत ही पवित्रता से मनाई जाती है। वर-वधू को आशीर्वाद दिया जाता है। कामना की जाती है कि विवाह टूटे नहीं। हिंदू रीति से विवाह में तो आशीर्वाद दिया जाता है, "अचल रहे अहिवात तुम्हारा, जब लबि गग यमुन जलधारा।"

तात्पर्य यह है कि यदि कोई विवाह टूटता है तो उसका खामियाजा परिवार और समाज को ही भुगतना पड़ता है, क्योंकि कोई भी दंपती अपने घर-परिवार से अलग तो है नहीं। परिवार भी समाज का हिस्सा है, इसलिए छोटी-छोटी बातों पर विवाह का टूटना किसी के हित में नहीं माना जाता है।

यह भी सत्य है कि जब से विवाह-संस्कार प्रारंभ हुआ, तभी से विच्छेद भी होता रहा और उस स्थिति को सँभालने की कोशिश भी की जाती रही है। आज हमारे समाज में विवाह बड़े धड़ल्ले से टूटने लगे हैं। बहुत लोग यह कहते सुने जाते हैं कि विवाह-विच्छेद भी हम पश्चिम से ही आयात कर लाए हैं। अर्थात् हमारे यहाँ कभी विवाह-विच्छेद होता ही नहीं था।

कुछ हद तक बात सत्य भी है। हिंदू जीवन पद्धति में कथा, कहानी, गीत-संगीत और रस्म-रिवाज, पर्व-त्योहारों द्वारा विवाह को जन्म-जन्म का बंधन बताकर ऐसा ही संस्कार डाला जाता रहा है। इस कारण स्त्री-पुरुष एक साथ रहने पर दुःख तकलीफ सहकर भी जीवन काट लेते थे। दूसरी बात थी आर्थिक रूप से स्त्री की परनिर्भरता। कृषि पर निर्भर मध्यमवर्गीय परिवार के कायदे-कानून कुछ

ऐसे थे कि स्त्री को विशेष अधिकार नहीं मिलते थे। पति के घर में दु:ख काटकर भी रहना आसान था। बाहर जाकर जीवनयापन करना बहुत कठिन। परंतु मजदूर वर्ग और आर्थिक दृष्टि से उच्च वर्गों में विवाह-विच्छेद होते ही थे। इस घटना से स्त्री-पुरुष का विशेष कुछ नहीं बिगड़ता था। स्त्री अपना घर छोड़कर मायके चली जाती थी। दूसरे दिन से मजदूरी करके खाती थी। माँ-बाप पर बोझ नहीं बनती थी। एक-दो बच्चे रहने पर भी उसका दूसरा-तीसरा विवाह भी हो जाता था। उच्च वर्ग में अर्थ की कमी नहीं होती थी। तात्पर्य यह कि उच्च और कमजोर वर्ग (आर्थिक दृष्टि से) में कमोवेश मात्रा में स्त्री आर्थिक रूप से स्वावलंबी थी, इसलिए वहाँ तलाक होता था। कानूनी मान्यता मिले-न-मिले, दोनों का संबंध-विच्छेद हो जाता था। मध्यम वर्ग में तलाक होता है।

पिछले पचास वर्षों में मध्यम वर्ग में स्त्री की स्थिति में परिवर्तन आया है। वे पढ़-लिखकर नौकरी या रोजगार कर रही हैं। इसलिए वहाँ भी विवाह-विच्छेद होने लगे हैं। कानून भी कुछ ऐसे बनाए जा रहे हैं कि यदि कोई विवाह-विच्छेद करना चाहता है तो उसे शीघ्र तलाक मिलना चाहिए। एक कानून बनाकर यह प्रावधान किया गया है कि यदि किसी महिला को तलाक मिलता है तो कोर्ट द्वारा पति से भरण-पोषण की राशि ज्यादा-से-ज्यादा मात्र 500 नहीं, उसकी तनख्वाह का एक तिहाई या उससे भी ज्यादा होगी। पति-पत्नी मिलकर घर बसाते हैं, परंतु घर का सब सामान और घर बनाने में पत्नी की सूझबूझ, मितव्ययता और मेहनत का ज्यादा योगदान होता है। फिर विवाह-विच्छेद होने पर तो उसका भी हिस्सा मिलना चाहिए।

और भी बहुत से उपाय किए जा रहे हैं, तलाकशुदा औरत के जीवन में सुविधाएँ प्रदान करने के। शहरों में कुछ ऐसे घर (कानून घर जैसा) का होना, उन्हें नौकरी या रोजगार दिलाना, पिता की संपत्ति में भी हिस्सा मिलना, वगैरह-वगैरह। पर सच्चाई तो यह है कि एक विवाह-विच्छेद से दो परिवार और नाते-रिश्ते सब दरक जाते हैं, टूटते हैं। क्योंकि यह सहज व्यवस्था के प्रतिकूल है। बच्चों पर तो इसका असर सीधा पड़ता है। समाज भी अभी तलाकशुदा औरतों को स्वस्थ नजरिए से देखने का आदी नहीं हो पाया है। स्वयं तलाकशुदा महिलाओं को जिंदगी की परेशानियों से अकेले गुजरना पड़ता है।

इसलिए आज देश में सामाजिक संस्थाओं द्वारा परिवार परामर्श केंद्र चलाए जा रहे हैं। इन केंद्रों पर दांपत्य या पारिवारिक हजारों मामले आते हैं। यहाँ बैठी परामर्शदात्रियों द्वारा उपयुक्त परामर्श दिए जाते हैं। अब तो जेल और पुलिस थानों में

भी ऐसी परामर्शदात्रियों की जरूरत हो रही है। इनका लक्ष्य होता है—टूटते परिवारों को बचाना, कोशिश करके परिवार में प्रेम व सहयोग की स्थिति लाना। तोड़ना नहीं। पारिवारिक न्यायालय अलग बनाया गया, ताकि महिलाएँ इन न्यायालयों में खुलकर अपनी परेशानियाँ रख सकें। इन न्यायालयों में काम करनेवाले वकील, परामर्शदात्री और जजों को भी विशेष संवेदनशील बनाया जाता है। वे केवल कानूनवेत्ता न हों, मानवीय संवेदना और वर्तमान समय में समाज में आ रहे पारिवारिक, सामाजिक समस्याओं के भी जानकार हों, तभी टूटते परिवारों को बचा सकते हैं।

जिस समाज में जितने अधिक विवाह-विच्छेद होते हैं, वहाँ उतनी अधिक विद्रूपताएँ आ जाती हैं। समाज की व्यवस्था ही चरमरा जाती है। बच्चे कुसंस्कारी हो जाते हैं। परंपराएँ निभाई नहीं जातीं। तनावग्रस्त हो जाता है समाज। समाज का समुचित विकास अवरुद्ध होता ही है, उसकी आर्थिक स्थिति भी चरमरा जाती है। दरअसल समाज और सरकार द्वारा टूटे हुए परिवारों के दर्द व विकार की भरपाई हो ही नहीं सकती।

अभिप्राय यह नहीं कि पति-पत्नी कैसी भी दुःखद स्थिति में साथ ही रहें। बेमेल विवाह भी नहीं टूटे। दरअसल यदि पति-पत्नी का ठीक से निर्वाह नहीं हो रहा, दोनों में से एक या दोनों एक-दूसरे का जीना दूभर कर रहे हैं, तो संबंध का विच्छेद होना ही उत्तम है। पर यह विच्छेद होने में ज्यादा समय नहीं लगना चाहिए। तलाक मिलने की प्रक्रिया में कभी-कभी इतनी देर हो जाती है कि जिंदगी का ही समय बीत जाता है और तलाक का कोई अर्थ नहीं रह जाता।

विवाह-विच्छेद के दुष्परिणामों का अधिक प्रचार-प्रसार होना चाहिए। तलाकशुदा महिला से भी अधिक परेशानियाँ पुरुषों को भुगतनी पड़ती हैं। अभी तो समाज तलाकशुदा औरतों की व्यवस्था से ही परेशान है। ऐसे पुरुषों पर समाज और सरकार का ध्यान नहीं गया, जो दूभर जिंदगी जी रहे हैं। इसलिए दोनों के पुनर्वसन का भी समाज और सरकार को सोचना है। पर समाज और सरकार के लिए विच्छेद का कम होना ही उत्तम स्थिति होती है।

◻

एक पत्र होने वाली बहू के नाम

"**क्या** संबोधन करूँ?

अभी बहू बनाया नहीं। बेटी तो कह सकती हूँ। चलो, पहले बेटी से ही अपने दिल का हाल बयाँ करूँ। जब से बेटा ब्याहने लायक हुआ, मन में एक उमंग की लहर उठने लगी है। लेकिन यह क्या? उस उमंग की पहचान की पहल में हाथ लगा एक नन्हा सा भय, जो उस आनंद के साथ जन्म लेकर संग-संग चलने लगा है। सास बनने का भय। सोचा, सास के रूप में पहले अपनी पहचान तो कर लूँ। सच कहती हूँ, अपने को सास के रूप में स्वीकार करने की कोशिश में कई रातों की नींद गँवाकर हिम्मत बटोरी है। अपने सगे-संबंधियों और मित्रों की मानी होती, तो वह नन्हा सा भय मेरे अंदर विस्तार लेकर इतना भयानक हो जाता कि मैं सास बनने की कभी हिम्मत ही नहीं जुटा पाती। इन दिनों जो मिलता है, पूछता है, "सास बनने जा रही हो?" उनके प्रश्न ऐसे भाव में लिपटे होते हैं कि शायद सास बनना एक गुनाह है या मैं कोई खतरा मोल लेने जा रही हूँ।

एक ने कहा, "सुना नहीं तुमने, सास तो आटे की भी बुरी होती है।" उन्हें क्या जवाब देती? सुना, पढ़ा और देखा तो यही है। सास बला है, जो टाले न टले। तभी तो आजकल लड़कियाँ शादी के नाम से ही खौफ खाने लगी हैं। सोचने लगी हूँ, सास-बहू का रिश्ता दुनिया भर में बदनाम क्यों है? करोड़ों सास और बहुएँ आपसी रिश्ते को माँ-बेटी के रिश्ते में परिणत कर संसार छोड़ गईं और आनेवाली सास बहुएँ भी उनकी लीक पर चलेंगी। जाहिर है कि मैं और तुम कोई नया रिश्ता नहीं बनाने जा रहे हैं। फिर भी मेरा और तुम्हारा रिश्ता बिल्कुल नया होगा। मैं जब तक बेटी, बहू, पत्नी, माँ के साथ अनेक रिश्तों को जी चुकी हूँ, परंतु तुम्हारे शुभागमन से बननेवाला रिश्ता तो बिल्कुल नया होगा।

मुझे सास का दर्जा प्रदान करानेवाला रिश्ता। और तुम, तुम्हारे साथ भी कुछ

ऐसा ही होगा। तुम तो एक साथ पत्नी, बहू, भाभी और छोटी मालकिन भी बनोगी। मैं सास बनने जा रही हूँ। समाज मुझे अब उस पद से भी जानेगा, जिसके चारों ओर शंकाओं के बाणों की वर्षा होती है। मुझे अपना बचपन याद आ रहा है। माँ धमकाया करती थी, "काम करना मत सीखो। ससुराल जाओगी तो सास खबर लेगी।" बचपन से अपने-परायों ने सास के प्रति भय के बीज मन में डाल दिए थे। लेकिन जब अपनी सास से मिलन हुआ तो पूछो मत। माँ से भी बढ़कर प्यार मिला। निश्चय ही तुमने भी ऐसा ही कुछ सोचा होगा और तुम्हारे मन में भी सास के प्रति भय पल रहा होगा।

सास बनने की तैयारी में आज अपनी सास की आकृति, उनके स्नेहिल व्यवहार आँखों के आगे नाच जाते हैं। अपने प्रथम पुत्र को पच्चीस वर्षों तक पाल-पोसकर उन्होंने भी तो बड़ा किया था। और मुझे सौंपकर निश्चिंत तो नहीं, पर आश्वस्त अवश्य हुई थीं। मैंने उनके साथ जीवन के कई वसंत और पतझड़ बिताए। कहीं किसी मोड़ पर उन्हें एहसास नहीं हुआ कि मैंने उनसे उनका बेटा छीन लिया हो, और न मुझे कि बेटे पर माँ का आधिपत्य जारी रहा। मैं यह स्वीकारती हुई कि मेरा पति किसी का बेटा है और मेरी सासजी मुझ पर अपने लाड़ और परिवार की पूरी जिम्मेदारी सौंपकर अपनी उत्तराधिकारिणी बनाने की लगन में मगन रहीं। मुझे कभी-कभी लगता है कि यही सोच और समझ हर सास-बहू के बीच उत्पन्न होकर फले-फूले तो क्यों बदनाम हो यह रिश्ता?

मेरे बेटे पर केवल और केवल मेरा अधिकार नहीं है। मैंने जन्म दिया, पर उसके पालन-पोषण में शायद मुझसे भी बढ़कर ममता उड़ेली उसकी दादी और भी न जाने कितने सगे-संबंधी, नौकर-चाकरों ने। लोग कहते हैं कि ममता मोल नहीं माँगती। कौन कहता है, ममता मोल नहीं माँगती? संतान की सेवा निस्स्वार्थ सेवा होती है? बच्चों के पालन-पोषण के क्रम में हमारे अंदर एक अनदेखा स्वार्थ, अनचाही चाहत की बेल बढ़ती फलती-फूलती जाती है। बेटे को पाल-पोसकर बड़ा कर लेने पर बार-बार यह कहना, "मैंने पाल-पोस दिया, मुझे अब क्या मतलब? अब बहू का हो जाएगा।" मुझे पूछे-न-पूछे, क्या फर्क पड़ता है? ये उक्तियाँ अपने को बरगलाने भर के लिए ठीक हैं। सच तो यह है कि बेटे पर परोक्ष या अपरोक्ष अपना पूर्ण अधिकार जताए रहने के कारण ही सास और बहू के बीच खींचा-तानी चलती रहती है। स्वाभाविक है, जिसे पालने में अपनी सुख-सुविधा, खान-पान, नींद सब भूल जाती रही, उससे शादी के उपरांत कैसे विलग हो जाए।

एक पत्र होने वाली बहू के नाम

माँ बनने के बाद स्त्री का अपना तो कुछ बचता ही नहीं।

हाँ, तो मैं कह रही थी कि मेरी सास और मेरे बीच माँ-बेटी का ही रिश्ता रहा। और आज स्वयं सास के रूप में अपनी पहचान करना चाहती हूँ तो अपनी सास में स्वयं को समा लेती हूँ। जो ममता स्नेह बेटे के लिए था, वह अनायास बँट-सा गया लगता है। बेटे की छवि अब सामने अकेले नहीं आती, तुम साथ आ जाती हो और मेरी ममता की रोटी का आधा नहीं, बड़ा भाग ले जाती हो। बेटे के हिस्से का प्यार बाँट लेनेवाली पर क्रोध भी नहीं आ रहा, उलटा सुखद लग रहा है।

अब तक बेटे को दाँत में लगाकर ही रखा है, जिसे पूर्ण रूप से तुम्हें सौंपनेवाली हूँ। माँ अपने बेटे को बहू के हाथ सौंपकर निश्चिंत हो जाती तो कितना अच्छा होता। उससे भी बढ़कर बेटे की सुख-सुविधा का खयाल रखती बहू के बीच प्रतिद्वंद्विता का सवाल और किसी से छीनकर किसी के पा लेने का सवाल। माँ माँ है। पत्नी पत्नी। अपनी माँ के आँगन में खेलती, खाती, स्वच्छंद नाचती, गाती बेटी को पत्नी, बहू, भाभी और छोटी मालकिन बनाने में मेरा भी वर्षों का समय लगेगा। तुझे सजाने, सँभालने, तुझ पर न्योछावर होने के अरमानों के बीच तुझमें अपने घर के संस्कार पिरोने का कर्तव्य-बोध भी हो रहा है। हर परिवार का अपना इतिहास होता है और अपना भूगोल। उस परिवार की होने वाली सम्राज्ञी को परिवार के इतिहास से अवगत होना होता है और भौगोलिक जलवायु (संस्कार) में अभियोजन के योग्य अपना तन-मन और हृदय बनाना होता है। इस प्रकार ससुराल में आकर भी सीखने और समझने की लंबी प्रक्रिया होती है। अकसर मायके में लड़कियों का व्यवहार कर्तव्य प्रधान हो सकता है। थोड़ा समय और श्रम लगाकर माता, पिता, भाई, बहन की सेवा में अधिक प्रशंसा और आनंद मिलता है। परंतु ससुराल में आते ही उसके स्वयं का व्यवहार अधिकारोन्मुख हो उठता है। साथ ही ससुरालवालों की अपेक्षा भी अधिक होती है।

तुम और मैं, दोनों स्त्री हैं। प्रकृति और संस्कृति ने समाज निर्माण के लिए हम पर पुरुष से कहीं ज्यादा दायित्व डाले हैं। कर्तव्य-ही-कर्तव्य करने पड़ते हैं स्त्री को। हम अपने कर्तव्य की लागत लगाकर ही अधिकार अर्जित करती हैं। अनुभव के आँगन में ऐसी स्त्री छवियाँ उभर रही हैं, जो अति कुरूपा थीं या हैं। पर उनके इशारे के बिना उनके घर-संसार का कोई व्यक्ति तो क्या एक पत्ता भी नहीं हिलता और उन्होंने ये अधिकार माँगकर नहीं, अपने समय, स्नेह और श्रम की लागत लगाकर ही तो अर्जित किए हैं।

पत्नीं मनोरमां देहि...

हिंदू धर्म में विवाह को भी एक महत्त्वपूर्ण संस्कार माना गया है। विवाह के ठीक ढंग से संपन्न होने पर विवाह जनित कर्तव्यों को यथार्थ रूप से समझ लेने पर केवल पति-पत्नी का सुख-सौभाग्य निर्भर नहीं होता। कई पीढ़ियों तक उनकी संतान और अंततोगत्वा समूचे समाज का हिताहित उसके साथ जुड़ा होता है। विडंबना यह है कि विवाह को भी लोग मौज-मस्ती और आडंबर से भरा अवसर बनाने में लगते जा रहे हैं। उस संस्कार का वास्तविक महत्त्व उस आडंबर के नीचे दब-सा गया लगता है। लड़के-लड़कियाँ भी शादी के उपरांत मौज-मस्ती की कल्पना करने लगे हैं, जबकि यह एक कर्तव्य-बंधन है।

खैर, कैसा लगेगा मुझे, जब बेटे और मेरे बीच बात करने की माध्यम तुम बन जाओगी? वह मेरी कम, तुम्हारी ज्यादा मानेगा। मेरे दस बार कहने और आज्ञा देने पर भी कभी कोई कार्य करेगा, कभी नहीं करेगा; लेकिन तुम्हारे एक इशारे पर कार्य करने को उतावलापन दिखाएगा। मेरे हृदय पर एक चोट सी लगेगी, लेकिन मैं उस दर्द को छुपा लूँगी। अपना दिन याद कर उसके व्यवहार को सह लूँगी।

आओ हे सम्राज्ञी! मेरे आँगन की यह बगिया कब से तुम्हारे आने का इंतजार कर रही है। हजारों कलियाँ अपनी साँस रोके हुए हैं। तुम्हारे कदम पड़ते ही खिल-खिलकर तुम्हारा स्वागत करेगी। मेरे और तुम्हारे ससुर के आनंद के कहने ही क्या! हम तो तुम्हारी प्रतीक्षा में खड़े ही हैं, तुम्हारा देवर, उसकी खुशियों का भी पार नहीं। और हमारे सभी रिश्तेदार, हमारा बहुत बड़ा कुनवा प्रतीक्षारत है।

बेटा ब्याहने जा रही एक माँ का पत्र

□

विवाह के समय कन्या के माता-पिता के तीन पत्र

समधी के लिए मान-पत्र

ग्रीष्म ऋतु का प्रारंभ हो चुका है। बादल का टुकड़ा आकर हमारे घर-आँगन में भी बरस गया। गरमी से राहत मिली। मौसम के इस संधि-समय में भी आपका अपने बंधु-बांधवों सहित बाजे-गाजे के साथ हमारे द्वार पर आगमन ऋतु अनुकूल सूखे मन पर फुहार ही है। तपती धरती को वर्षा की दो बूँदों से जो राहत मिलती है, हमें आपके आगमन और दर्शन से वही अनुभूति हो रही है। पर आपको हमारे दरवाजे तक पहुँचने में अवश्य कष्ट हुआ है।

अपने सुयोग्य पुत्र को साथ लेकर मेरी पुत्री का हाथ थामने के लिए आप हमारी कुटिया पर पधारे हैं। बारातियों का कद जितना बड़ा है, हमारी कुटिया की छत उतनी ही छोटी। हमारे पास आपकी तुलना में किंचित् कुछ बड़ा है तो मात्र हृदय। आपकी उपस्थिति में हिया ने फैलाव लिया है। आइए, हम अपने विस्तृत हृदय में समस्त बाराती समेत आपको समाकर कपाट बंद कर लेते हैं। इस उत्सवमय दृश्य के साथ आप सदा हमारे हिया में विराजमान रहेंगे। आप जब तक हमारे यहाँ रहेंगे, अपने मधुर वचनों से प्रतिपल आपका श्रम हरते रहने की हमारी कोशिश होगी।

आपकी प्यारी बिटिया के लिए योग्य वर ढूँढ़ने का हमारा अभियान अपने घर के आसपास ही रुका। अति सहमे हुए हाथों से हमने आपके दरवाजे पर दस्तक दी। आपने भी हमें सम्मान से बिठाया, सुना, हमारे परिवार और अपने परिवार के गुण-दोष मिलाए और हम दोनों ने अपने को संबंधी (समधी) के रूप में स्वीकारने का मन बना लिया।

महाशय! यह हमारे परिवार और समस्त बंधु-बांधवों का सौभाग्य है कि ये दो

पल हमें आपके स्वागत के लिए मिले हैं। हमारा और आपका परिवार एक अटूट रिश्ते में बँध रहा है। हमारा सुख-दुःख आपका और आपका सुख-दुःख अब हमारा होगा। आपके परिवार की आँखों में यदि धूल का एक कण भी पड़ेगा, आपसे कोसों दूर रहकर भी आँसू हमारी आँखों से टपकेंगे। आपकी बगिया में उगा एक उपलब्धि का फूल हमारे हृदय को भी उल्लास से भरेगा। अपने हित-मित्रों के बीच आपकी सफलता और प्रगति का बखान करता हमारा हृदय भी फूला न समाएगा। मस्तक गर्व से ऊँचा होगा। यही स्थिति आपकी भी होगी।

वर-वधू के विवाह-संबंध की गाँठ के साथ-साथ हमारे दोनों परिवारों की गाँठ भी बँध जाएगी। हमारी बिटिया ने हमारे द्वारा चयनित आपके सुपुत्र को वरण करने की ठानी है। इस शुभ मुहूर्त पर इस नव-युगल के लिए समाज से शुभकामनाएँ और ईश्वर से आशीष माँगते हुए हम कामना करते हैं कि यह जोड़ी गंगा-जमुना की जलधारा की आयु पाए। मिथिलांचल की यह भूमि राजा जनक के विनीत भावों से सिंचित रही है। हम अपने पुरखों की परंपरा निभाते हुए राजा दशरथ के रूप में आपका अभिनंदन करते हैं।

पूजे भूपति सकल बाराती। समधी सम सादर सब भाँती।।
आसन उचित दिए सब काहू। कहौं काह मुख एक उछाहू।।

हमने अपनी लाडली को बड़े लाड़-प्यार से पाला है। यह बेटी होने के कारण हमारे बेटे से भी विशेष रही है। हमने इसके लालन-पालन में बेटे से अधिक लाड़ न्योछावर किए हैं। घर-गृहस्थी चलाने के गुर सिखाते हुए भी कभी डाँट-फटकार नहीं लगाई। इसके जन्म की खबर सुनकर सबने कहा था, 'लक्ष्मी आई है।' सच, लक्ष्मी ही साबित हुई हमारी बिटिया। धन-धान्य और यश से भरती रही हमारे घर को। हम इसके लालन-पालन में भूल ही गए थे कि एक दिन इसे विदा भी करना है। अपनी 'लक्ष्मी' के साथ आसन पर बैठने के लिए ही आपके गुणवान पुत्र को 'विष्णु' समान मानकर आरती उतारते हैं।

आपकी उपस्थिति हमारे अंदर अनुराग का संचार कर रही है, पर बाजे-गाजे के स्वर हृदय की धड़कन बढ़ा रहे हैं। इनकी भाषा हमें मालूम है। ये ऊँचे स्वर में कह रहे हैं कि एक घर लक्ष्मी से खाली होगा, दूसरा भरेगा। आज यह खाली होने वाला घर हमारा ही है, फिर भी हृदय अनुराग से भरा है, क्योंकि भरनेवाला घर भी हमारा ही होगा। हमारी बिटिया के अब एक नहीं, दो घर होंगे।

हे मानस के हंस! हम आपको विश्वास दिलाना चाहते हैं कि हमने इस

विवाह के समय कन्या के माता-पिता के तीन पत्र

'लक्ष्मी' को आपकी धरोहर के रूप में ही पाला-पोसा है। पति की सहधर्मी, परिवार में बुजुर्गों की सेवा और बच्चों को स्नेह देते हुए घर की धुरी बन जाने के गुर सिखाए हैं। मेहमानों की आवभगत और सेवक-सेविकाओं को सद्भाव देने में किंचित् कोताही नहीं बरतेगी, ऐसा हमारा विश्वास है। आपसे विश्वास चाहते हैं कि अपने धरोहर सँभालते हुए हमें भी याद करते रहेंगे।

आपकी सेवा और स्वागत का सामर्थ्य हमारे समस्त परिवार की संचयित शक्ति में नहीं। हम आपसे प्रार्थना ही कर सकते हैं कि हमारी भूलों को यहीं भूल जाइएगा। कभी भूल से भी हमारी बिटिया को हमारी याद दिलाते हुए हमारी गलतियाँ नहीं गिनवाइएगा। हमारी ढेर सारी त्रुटियाँ बिसारकर एक छोटी सी अच्छाई मिली हो तो उसे संग-साथ ले जाकर हमें उसी के सहारे स्मरण रखिएगा। ये सुखद स्मृतियाँ हमारे संबंध को मजबूत बनाती रहेंगी। दोनों परिवार पीढ़ियों तक संबंधी बने रहेंगे।

हे समधी! यदि आप हमारी सेवा व स्वागत से थोड़ा भी प्रसन्न हुए तो हमें विश्वास दिलाते जाइएगा कि हमें याद करके हमारी बिटिया की आँखों में कभी एक बूँद न छलके। आपके प्यार-दुलार में डूबकर वह हमें भूल जाए। हम अपना हृदय इतना ही कठोर बना रहे हैं। वह आपके घर की लक्ष्मी बनकर रहे। प्यार ही नहीं, सम्मान भी पाए।

अंत में, हम फिर एक बार अपने समधी और समस्त बारातियों का स्वागत और सम्मान करते हैं। हमारे हृदय का प्रेममय उद्गार जिह्वा तक छलक आया है। अब हम अपनी वाणी को आगे नहीं बढ़ा सकते। विश्राम देते हैं। फूलों से आपका स्वागत करते हैं।

आज अतिथि मेरे द्वारे आए, मन खुशी से भरता है।
दुलहन का परिवार आपका स्वागत करता है।।

आपके स्वागत में खड़े
हम सब।

विदा हो रही बिटिया के नाम पाती

प्रिय बेटी,

अचल रहे अहिवात तुम्हारा।

विवाह-संस्कार समाप्त होते ही तुम्हारा रिश्ता दो परिवारों से जुड़ गया। अब दो कुलों के बीच सेतु बनकार तुम्हें दोनों का हित साधना है। इसलिए तुम्हें 'दुहिता' कहा जाएगा। हिंदू रीति से संपन्न तुम्हारे और वर के विवाह-संस्कार के एक-एक विधान के बड़े गूढ़ अर्थ हैं। सारे अनुष्ठान वैवाहिक जीवन के गहरे अर्थ को प्रकट करते हैं। सोलह संस्कारों में विवाह-संस्कार सर्वश्रेष्ठ है। जो प्रकृति और पुरुष के आध्यात्मिक रूप से एकीकरण का आदर्श है, मात्र सांसारिक जीवन के लिए नहीं। इसलिए हमारे यहाँ विवाह जन्म-जन्मांतर का बंधन माना गया है।

तुम्हारे विवाह-संस्कार के तीन भाग थे—कन्यादान, लाजाहोम (लावा छिंटाई) और सप्तपदी। तीनों रस्मों के अपने महत्त्व हैं। तुम इन गूढ़ अर्थों को जीवन भर मनन करती रहना। कन्यादान का संबंध तुम्हारे माता-पिता 'हमसे था', लाजाहोम का संबंध भाई से और सप्तपदी का संबंध तुमसे था। ऐसा लगा, जैसे हम लोग (तुम्हारे पापा और मैं) तुम्हारे विवाह के प्रस्तावक, भाई-बंधु अनुमोदक और स्वयं तुम सप्तपदी द्वारा इस संस्कार की समर्थक रही हो। तुम्हारे और वर के परिवार पक्ष के लोग साक्षी रहे हैं।

वेद मंत्र का उच्चारण करती हुई, हमारे कुल से पृथक् होकर सदा के लिए पति-कुल में बैठ, पुत्रवधू के रूप में, उस कुल से कभी भी अलग न होने की तुमने प्रभु से प्रार्थना की है। विवाह का अर्थ होता है—"विधिपूर्वक एक-दूसरे को प्राप्त कर परस्पर दायित्व को निभाना।" परंतु इस संस्कार में भी प्रमुख भूमिका तुम्हारी ही रही है, इसलिए इसे निभाने का भी दायित्व तुम्हारे कंधों पर विशेष रूप से होगा।

तुम्हारे पिता ने देवताओं का आह्वान कर वर की पूजा की। उन्होंने अपनी

आत्मा के रूप में दूसरे कुल में तुम्हें समर्पित किया। दूल्हे को नारायण के रूप में ही विवाह-मंडप में बैठाया। बड़ी विनम्रता से उन्होंने कहा, "हे नारायण! आप स्वयं मेरे घर पधारे हैं। लक्ष्मी का रूप मेरी पुत्री आपकी अमानत है। इसे आपके पवित्र हाथों में समर्पित करता हूँ। इसे आप ग्रहण करें।"

दूल्हे ने पुष्प, अक्षत, फल और वस्त्र को सिर से लगाते हुए तुम्हारे पिता को विश्वास दिलाया है कि वह तुम्हारे रूप में सदा लक्ष्मी का आदर करेंगे। पाणिग्रहण के समय तुम हमारे साथ बैठी थी। दूल्हे ने खड़े होकर और झुककर तुम्हारे हाथ पकड़े। इस प्रकार तुम्हें विशेष सम्मान प्राप्त हुआ है। तुम दोनों ने 'अमोऽहमस्मि' वक्तव्य के द्वारा सार्वजनिक मंच पर घोषणा की है—"हम यह विवाह ज्ञानपूर्वक अर्थात् सोच-समझकर कर रहे हैं।"

शिलारोहण पर तुम्हारे भाई ने तुम्हें पत्थर पर पैर रखने में सहयोग किया है। शिला पर आरूढ़ होने का तात्पर्य है कि बहू के रूप में अपना कार्यभार सँभालते हुए तुम बड़े-से-बड़े संकटों में घबराओगी नहीं और इस कार्य में भाई की सहायता का तात्पर्य है कि वह तुम्हें ससुराल भेजकर भी कठिन समय में तुम्हारी सहायता करता रहेगा।

भाई के सहयोग से शमी-पत्र तथा खीलों द्वारा लाजाहोम (लावा छिंटाई) की प्रक्रिया पूरी की। शमी-पत्र भयंकर ग्रीष्म में भी हरा ही रहता है। यह संदेश भी गाँठ बाँध लो कि बड़ी-से-बड़ी विपत्ति और धन-धान्य से भरपूर होकर भी इस शमी वृक्ष की तरह अपने स्वभाव को सम रखना।

ये खीलें (धान का लावा) आकाश में खिले नक्षत्रों के प्रतिनिधि हैं। ये नक्षत्र अँधेरी रात में भी चमकते हैं, चाँदनी में नहीं। मेरी बेटी! ये तुम्हें सिखा गए कि अपने जीवन में संतुलन बनाए रखना। संपत्ति के साथ सहज और विपत्ति के समय धैर्यवान रहना।

सप्तपदी के साथ तुम दोनों ने मिलकर अन्नादि के लिए प्रथम पद, बल प्राप्ति के लिए दूसरा, धन व ज्ञान के लिए तीसरा, सुख प्राप्ति के लिए चौथा, संतान के लिए पाँचवाँ, ऋतुओं के अनुकूल आचरण के लिए छठा और मित्रता के लिए सातवाँ पद रखा है।

अंत में तुमने वर से प्रतिज्ञाएँ करवाई हैं—'तुम्हारी पहली प्रतिज्ञा थी कि बिना किसी विशेष कारण से वह बाहर रात न बिताए। बाहर भोजन भी न करे।' उसने स्वीकार किया।

तुमने कहा, 'तेरे सुख-दुःख-भाई-बंधु अब मेरे होंगे। मेरा पालनकर्ता बनकर तुम मेरी सब जरूरतें पूरी करना।' उसने स्वीकार किया है।

तुम्हारी तीसरी प्रतिज्ञा थी कि तुम उसकी शक्ति मिलाकर अपनी शक्ति बढ़ाओगी। उसने मान ली।

चौथी बात तुमने कही, 'मैं तुम्हारे खातिर जिऊँगी। तुम मेरी चिंता करना।' उसने हामी भर दी।

पाँचवीं प्रतिज्ञा—'मैं रूठूँ, झगड़ूँ, तब भी तुम शांत रहना। बुरा मत मानना।' उसने हामी भर दी।

छठी प्रतिज्ञा थी—'मेरे माता-पिता ने पाल-पोसकर कन्यादान किया है। उन्होंने कुछ दिया, न दिया, तुम कभी ताना मत देना।' उसने मान ली है।

सातवीं प्रतिज्ञा कि हवन, यज्ञ और सभी धार्मिक कार्यों में तुम्हारी भी भागीदारी रहेगी, पर उसके पापकर्मों की तुम भागीदार नहीं बनोगी। तुमने यह भी प्रतिज्ञा करवाई कि तुम अपना धर्म उसके साथ नहीं बाँटोगी।

परायी स्त्री का संसर्ग कभी न करने की तुम्हारी शर्त भी उसने मान ली है।

तब तुम उसके वाम भाग में बैठी हो। विवाह-संस्कार में भी तुम्हारी भूमिका प्रमुख रही है। बिना तेरे वर की जोड़ी नहीं बन सकती थी। अब उसका भी परिवार बना है। मेरे आँगन का सौभाग्य है कि समाज में नया दांपत्य का पुष्प उसमें ही खिला है। तुमने सिंदूरदान के बाद ध्रुवतारे को देखा है। अपने दांपत्य जीवन को ध्रुव के समान अडिग रखने का संकल्प लिया है। इसे सदा याद रखना।

विवाह-संबंधी सारे अनुष्ठान मुझे पुलकित करते रहे। मैं तुम्हारे संकल्प में संबल बनी रही। देखते-ही-देखते रात बीत गई, सवेरा हो गया। तुम्हारे विदाई की घड़ी आ गई।

आज तुम हमारे घर से विदा हो रही हो। विदाई का समय ज्यों-ज्यों नजदीक आता जा रहा है, मैं सुध-बुध खोती जा रही हूँ। यह मुझे क्या हो रहा है। ऐसी अनुभूति तो जीवन में कभी नहीं हुई थी। इसी भाव के कारण जगज्जननी सीता की विदाई के समय जनक जैसे विदेह भी विचलित हो गए थे।

पिछले दो वर्षों से तुम्हारे योग्य वर ढूँढ़ने की बहुत जल्दबाजी थी और दो महीने पूर्व ही जब विवाह निश्चित किया, बहुत प्रसन्नता हो रही थी, मानो हमने जीवन में एक बड़ा पड़ाव पार किया हो। तुम्हारे विवाह-संस्कार के लिए सारी तैयारियाँ करते हुए भी मन में उत्साह था, उमंग थी। तुम्हें दुलहन बनाने में कोई

साज-शृंगार छूट न जाए, ऐसा अरमान था। इसलिए अपनी हैसियत से अधिक खरीदारी करते, बारातियों के स्वागत के लिए साधन जुटाते मन हुलास से भरा था। पर जब बारात दरवाजे आई, बाजे-गाजे की आवाज सुनकर हिया में कुछ धक्का-सा हुआ। बहुत सा काम सामने पड़ा था। हृदय की आवाज सुनने की फुरसत ही कहाँ थी। एक पल के लिए भी रुक नहीं सकती थी। विवाह के एक-एक विधि-विधान—जयमाल, कन्यादान, लाजाहोम—सप्तपदी के साथ धड़कन बढ़ती ही गई। लाजाहोम और सिंदूरदान के समय तो मानो हृदय फट गया। तुम हमारे कुल से अब वर के कुल में जा बैठी। मेरी जिह्वा पर बचपन से सुनीं तिर आई पंक्तियाँ सत्य होकर जड़ हो गई थीं—

सोनमा जे रहिते बेटी फेनु से गढ़इति सिंदूर फेरल नहीं जाय।

सिंदूरदान के बाद तुम अपने पति की हो चुकी हो। मुझे मालूम है, तुम उस घर में जाकर थोड़े दिनों के लिए कुम्हला जाओगी। पर अंतर्मन में एक उल्लास होगा, प्रसन्नता होगी। पति का साथ और सम्मान पाकर खिल उठोगी। तुम्हें विदा करते समय दो-चार अनुभव की बातें चावल, जीरा, हल्दी, सिक्का और दूब के साथ तुम्हारे खोंइछा में डालना चाहती हूँ।

पहली बात कि तुम्हारा विवाह वर से हुआ है। परंतु तुम्हारा संबंध केवल जीवनसाथी से नहीं होगा। वह किसी के बेटे, किसी के भाई और भी अनेक रिश्तों में बँधे हैं। दूल्हे को अपनाते समय उसे पूर्णरूपेण प्राप्त करने का एक आसान तरीका है—तुम्हारा पति अपने रिश्तों को आदर और स्नेह देता रहा है। यदि तुम उन रिश्तों को अपनाते हुए उनके प्रति उससे भी बढ़कर अपनत्व और आदर दिखाओगी, तुम्हें उनके साथ-साथ पति का भी सम्मान मिलेगा।

मेरी प्यारी बेटी! अब तक तुम्हारे लिए सबसे उत्तम पुरुष तुम्हारे पिता और भाई ही थे। पिता के प्रति तुम्हारा यह भाव उचित ही था। पर यह आवश्यक नहीं कि तुम्हारे ससुरालवालों की नजरों में भी तुम्हारे पिता उतने ही बड़े आसन पर बैठें। अपने पिता के लिए उनके हृदय में सम्मान अर्जित करने में तुम्हारी बहुत बड़ी भूमिका होगी, इसलिए हमारे प्रति अतीव आदर का भाव थोड़े दिनों के लिए छुपाए रखना। बालिकाओं को अपने मायके में सबकुछ अच्छा-अच्छा लगता है, पर ससुराल जाकर दिन-रात मायके का गुणगान व्यावहारिक नहीं होता। ससुराल परिवार के सदस्यों में भी गुण तलाशने की कोशिश करना। तुम्हारे ससुराल में तुम्हारी यह प्रारंभिक अवस्था होगी। तुम्हारी स्थिति अभी एक क्यारी से उखाड़कर

दूसरी क्यारी में रोपी गई धान की पौध के समान होगी। मिट्टी, हवा, पानी सब भिन्न। मुझे विश्वास है कि थोड़े ही दिनों बाद वह घर ही तुम्हारा अपना घर हो जाएगा। कई बार मेरे बुलाए जाने पर भी नहीं आओगी। अपने घर की समस्याएँ, जो अपनी होंगी, परंतु यह समय आने में थोड़ा समय लगेगा। मनुष्य जीवन में शैशवावस्था का ही महत्त्व होता है। इसी अवस्था में संस्कार के बीज डाले जाते हैं। इसी अवस्था में गुणों को बढ़ने दिया जाता है। लड़की के जीवन में यह शैशव दुबारा आता है, जब वह ससुराल जाती है। मैं अपने मन को कठोर बना रही हूँ। बात-बात में तुम्हारे ससुराल के बारे में नहीं पूँछूँगी। दूध में जामन डालकर बार-बार दूध को हिलाती रही तो फिर दही कैसे जमेगा ? एक क्यारी से उखाड़ दूसरी क्यारी की गीली मिट्टी में पौध लगाकर बार-बार नहीं हिलाऊँगी। पानी डालती रहूँगी। ससुराल में तुम्हारी जड़ जमने दूँगी।

तुम्हें अपने घर तो रखना ही नहीं था। तुम दूसरे घर को ही अपना बना लो। मेरा भी सहयोग होगा। मुझे इसी में आनंद आएगा।

सौभाग्यवती तुम्हारी सास ने बड़े अरमान से बेटे को पाला है। उस पर अपना सुख न्योछावर किया है। उनके द्वारा पाला बेटा अब तुम्हारा होगा। उसके मन को हलकी सी भी ठेस न पहुँचे। वे आसानी से अपने मन-मंदिर में तुम्हारा चेहरा भी अपने बेटे के साथ बैठा लें, ऐसी कोशिश तुम्हें ही करनी होगी। उसके लिए विशेष प्रयास की आवश्यकता नहीं होती। सहज रहना ही यथेष्ट होगा। मुझे तुम पर पूरा भरोसा है। तुमने अपनी पढ़ाई-लिखाई के साथ-साथ घर में दादी, नानी, चाची, मौसा-मौसी, मामा-मामी और मुझे सहयोग कर संबल दिया। अपने से छोटे को स्नेह दिया। मैं तुम्हारे गुणों को देखकर समझ रही थी कि तुम ससुराल में इन्हीं गुणों के कारण अपना उचित स्थान बना लोगी।

बेटी! तुम्हारे ससुराल से कोई शिकायत नहीं आनी चाहिए। पति की छोटी-मोटी भूलों की उपेक्षा करती जाना। छोटी अवस्था से ही स्त्री के अंदर इतना धैर्य और सहनशक्ति होती है कि वह सबके मनोभाव समझती हुई, उसके साथ निभाने का प्रयास करती है। अब वही तुम्हारा घर, तुम उसकी धुरी होगी।

यह सीख तुम्हें किसी की अवहेलना, यातना और उपेक्षा बर्दाश्त करते रहने के लिए नहीं है। सुमधुर वाणी, सेवा और सद्भाव से किसी को भी जीता जा सकता है। गृहस्थाश्रम पर ही तीनों आश्रम निर्भर हैं और इस आश्रम की धुरी होती है स्त्री। कितना बड़ा दायित्व है हमारे ऊपर। जितना बड़ा दायित्व, उतना ही बृहत् सम्मान।

इस सम्मान को अर्जित करने के लिए अपने कर्तव्य की लागत लगानी पड़ती है। कर्तव्य का आनंद ही अलग है। और इस आनंद का स्वाद तब और भी बढ़ जाता है, जब परिवार के एक-एक सदस्य के द्वारा अधिकार प्रदान किया जाता है।

तुम्हारे और पति के बीच में कौन बड़ा, कौन छोटा सवाल नहीं आना चाहिए। शिव-पार्वती के अर्धनारीश्वर रूप को स्मरण रखना।

मेरे हृदय का टुकड़ा! तुम्हारे घर के सेवक-सेविकाएँ तुम्हारी बाट जोह रही हैं। तुम्हें पाकर धन्य-धन्य होंगी। उन्हें भी तुमसे सम्मान की अपेक्षा रहेगी। उन्हें यथोचित भाव व व्यवहार देना।

तुम्हें विदा करते हुए तुम्हारे नाजुक कंधों पर कितनी बड़ी जिम्मेदारी डाल रही हूँ। कल तक हमारी आँखों में पलती जलधार जैसी छलकती बेटी विस्तार लेकर कैसे सारे परिवार को अपने अंक में समा पाएगी। हमें विश्वास है बेटी, तुम अपने नए घर में रच-बस ज़ाओगी, वहीं तुम्हारा व्यक्तित्व विस्तार लेगा।

अब तक तुम यहाँ बेटी थी, प्यार की हकदार। अब वहाँ सम्राज्ञी बनोगी। अधिकार मिलेगा।

सास-ससुर, देवर, जेठ, ननद, जेठानी और सेवक-सेविकाओं के मन पर राज करती हमारी बिटिया को हमारी सुध रहेगी तो कैसे?

समस्त देवी-देवताओं और संपूर्ण समाज से आँचल फैलाकर तुम्हारे लिए सुहाग माँगा है। तुम्हारे आँचल में अपनी अंजलि भर-भर सुहाग भरती तुम्हें आशीष का खोंइछा देती हूँ। जीरे के थोड़े से दाने अपने पास रख लेती हूँ। स्त्रीजीवन दूब के जैसा होता है। उखाड़कर फेंक दी गई सूखी दूब कहीं भी मिट्टी का संसर्ग पाकर लहलहा उठती है। लहलहाती रहना मेरी बेटी। पति की जीवन-संगिनी बनकर मानव जीवन को सार्थक करने का प्रयास करती रहना।

मेरी लाडली! आओ, तुम्हें डोली में बैठा दूँ। रिक्त हृदय और सजल नयनों से तुम्हें विदा करती हूँ। देखो! सबकी आँखें सजल हो आई हैं। हमारी आँखों से बहती ये जलधाराएँ तुम्हारे नए जीवन, नई भूमिका और नए दायित्व का सिंचन करती रहेंगी।

तुम्हारी
माँ

□

जमाई के नाम पत्र

प्रिय दूल्हा,
चिरंजीवी हो!

आपने हमारी अत्यंत प्रिया पुत्री का हाथ थामा है। विवाहमंडप पर बैठकर हमारे द्वारा काँपते हाथों दान की जा रही पुत्री का हाथ थामते आपका हाथ भी थरथरा रहा था। निश्चित ही आप पतिपद की जिम्मेदारियों को आत्मसात् कर रहे थे। यह सत्य है कि पति बनना आसान कार्य नहीं है। जिम्मेदारी है। ईश्वर की एक विशेष रचना किसी की पाली-पोसी पुत्री को अपना जीवनसाथी बनाने की सोचने के लिए भी विशेष संकल्प, साहस और धैर्य चाहिए। "विवाह मनोरंजन के लिए नहीं है, यह तो सतत कर्तव्य-साधना है, जिसे पूरा करने का संकल्प लेना पड़ता है।"

अभी-अभी वेदी पर आपने वधू के साथ कुछ शपथ ली हैं। वैवाहिक जीवन जीते हुए इन शपथों को हर पल स्मरण रखना होगा।

आज से जीवन के किसी दिशा में आपके कदम अकेले नहीं उठेंगे। अब आपके चार पैर हो गए। दो कदमों पर चलने की स्वतंत्रता होती है, पर चार पाँवों को साथ मिलाकर चलने का संकल्प लिया जाता है, प्रशिक्षण भी।

स्मरण रखें कि सात फेरों से प्राप्त की गई आपकी सहधर्मिणी गौरी आप ही के घर में आपको सम्माननीय स्थान दिलाएगी। आपको डाँटते समय आपके माता और पिता की जिह्वा अब लड़खड़ाएगी। अब आप पुत्र ही नहीं, पति भी होंगे। पति का सम्मानित पद दिलानेवाली लक्ष्मी स्वरूपा मेरी बेटी आपको आपके घर में ही विशेष पहचान और सम्मान का पद दिलवाएगी। हमारे लिए तो आप आजीवन अभिनंदनीय रहेंगे ही।

हम कामना करते हैं कि कर्तव्यों से पूर्ण यह वैवाहिक जीवन धन-धान्य और यश से पूर्ण हो। परंतु वैवाहिक जीवन की राहें ऊबड़-खाबड़ भी होती हैं। इन राहों

पर चलते समय ही धैर्य की परीक्षा होती है। अब आपका सुख-दुःख पत्नी का और पत्नी का सुख-दुःख आपका होगा। वैवाहिक जीवन को सुखमय बनाने की जिम्मेदारी दोनों की होती है। स्त्री विशेष होती है। प्रकृति ने उसे विशेष जिम्मेदारी देकर रचा है। इसलिए आप भी उसे विशेष ही मानें। जीवन की यात्रा लंबी है, इसलिए छोटी-छोटी बातों में उलझने की जरूरत तो है ही नहीं।

विवाहोपरांत भी आपको अपने घर में ही रहना है। माता-पिता, भाई-बंधु, नाते-रिश्तेदार सब वही। पर पत्नी को तो आप मानो फूलने-फलने की आयु में आई पौध को थल्ला मारकर अपने घर ले जा रहे हैं। अपने घर में रोपेंगे। उसके लिए आप, आपका परिवार, रिश्तेदार के साथ घर का परिवेश भी नया होगा। आज तक हमारे लाड़-दुलार में पली हमारी 'छुटकी' के ऊपर कितना बड़ा दायित्व। कैसे सँभालेगी। आपके साथ आपके घर के सभी सदस्यों ने नई दुलहन से आशाएँ लगाई होंगी। कैसे पूरी करेगी सबकी अलग-अलग अपेक्षा। हमें विश्वास है तो आपके संबल के ऊपर। आप उसके हर कार्य में सहयोगी बनेंगे। उसके नए अभियोजन में सच्चे साथी रहेंगे। आपके प्रेम और सहयोग से वह सब अपेक्षाएँ पूरी करेगी। आप साथ जो होंगे।

पति-पत्नी का संबंध दूध और मिसरी का होता है। घुल जाते हैं एक-दूसरे में। घुलने की प्रक्रिया में किसका कितना योगदान है, आँका नहीं जा सकता।

गौरी को सभी वरिष्ठजनों ने आशीष दिए हैं—

"*अचल रहे अहिवात तुम्हारा,*
जब लगि गंग-यमुन जलधारा।"

वही आशीष, जो कौशल्या ने अपनी पुत्रवधू सीता को दिया था। इस आशीष पर विचार कीजिए। जब तक गंगा-यमुना की धारा है, तब तक मेरी बेटी का अहिवात (सुहाग) बना रहे। पर यह आशीष आप पर फलित होगा। आप दीर्घायु होंगे, तभी तो उसका सुहाग अमर होगा। आपकी आयु बढ़े और सुकृति अमर रहे, इस आशीष का यही आशय है। पर मेरी बेटी भी आपकी सुकृति से सजती रहेगी। आपके यश का शृंगार करेगी।

प्रिय, स्त्री का मन कभी नहीं दुखना चाहिए। वह निर्मातृ है। थोड़े ही दिनों बाद आपके प्रति भी उसके हृदय में ममता जागेगी। वेदवाणी में उसे आशीष दिया गया है—'हे इंद्र, इस स्त्री को दस पुत्र दो, ग्यारहवाँ पुत्र इसका पति होवे।', अर्थात् आपके प्रति भी पुत्रवत् प्रेम। उसके समर्पण और प्रेम का आदर करिएगा।

अपने हृदय का टुकड़ा बेटी को विदा करते समय हमारा हृदय विदीर्ण हो रहा है। हमारी सजल आँखें आपके ऊपर ही टिकी हैं। आप पर विश्वास कर हमने अपनी लाडली को आपके हाथों में सौंपा है। हमारा विश्वास नहीं तोड़िएगा। हमारी बिटिया रूपी पौधे को स्नेह से ही सींचिएगा। इतना अधिक स्नेह दीजिएगा कि वह हमें भूल जाए।

स्त्री ही 'परिवार' है। पत्नी के आगमन से आपका परिवार बनेगा। परिवार को सुख, समृद्धि और यश से भरना दोनों की जिम्मेदारी होगी। आज से आपके सभी रिश्ते-संबंध, हित-मित्र उसके भी होंगे। वह उन्हें भी अपनाएगी, पर उसका मायका नहीं छूटेगा। पत्नी को प्रसन्न रखने का एक तरीका उसके मायकेवालों को सम्मान देते रहना है। कभी भूल से भी हमें भूलने की सीख नहीं दीजिएगा। उसका दिल टूट जाएगा।

हमें इसी में आनंद आएगा। अब पत्नी की छवि के साथ आपकी छवि भी आँखों के सामने उतरेगी। ईश्वर ने संभवत: इसीलिए दो आँखें दी हैं।

कोटिश: आशीष के साथ
आपके
सास-ससुर।
☐

द्वितीय खंड

दांपत्य का आदर्श

भारतीय समाज में पुरुष के पति और स्त्री के पत्नी रूप की बड़ी महिमा बताई गई है। यों तो बहुत लोग किसी-न-किसी उद्देश्य के कारण आजीवन अविवाहित रह जाते हैं, उनका जीवन भी समाज और ईश्वर की सेवा करके सार्थक होता है, परंतु विवाहित जोड़ियाँ संतान का सृजन, पालन-पोषण करके तथा परिवार के सदस्यों की उन्नति में समय बिताकर उत्कृष्ट ईश्वरीय और समाज-सेवा करते हैं। स्त्री-पुरुष और पति-पत्नी द्विवचन हैं, पर दांपत्य एक वचन। जब दोनों एक हो जाते हैं तो उनका सुख-दु:ख, हानि-लाभ, जय-पराजय सब एक होता है, इसलिए दांपत्य एक वचन है।

वैवाहिक जीवन के लिए हमारे समाज में शिव और पार्वती का दांपत्य जीवन आदर्श माना जाता है। उनकी भी दो संतानें कार्तिकेय और गणेश हैं। शिव और पार्वती की पूजा तो प्रतिदिन होती है। कहा जाता है कि यहाँ तो कंकड़-कंकड़ में शंकर हैं। शिव और पार्वती की जीवन-कथाओं को स्मरण करने के लिए वर्ष भर में कई त्योहार मनाए जाते हैं। सावन जैसा मास तो शिव को ही समर्पित है। लेकिन शिवरात्रि, श्रावणी सोमवारी से भी अधिक महत्त्व भाद्रमास की तृतीया (शुक्ल पक्ष) तिथि को होने वाले हरितालिका (तीज) व्रत का है, जो कुँआरी और सुहागन औरतें, दोनों करती हैं। इस व्रत की कथा पार्वती और शिव के जीवन से ही जुड़ी हुई है। प्रजापति यश की सुपुत्री का पिता द्वारा किए जा रहे यज्ञ में अपने पति शिव के लिए आसन न देखकर उनके मन में अपमानित होने के दु:ख और आक्रोश में उस यज्ञ के हवनकुंड में ही जल मरना विख्यात कथा है। सती का पुनर्जन्म हिमालय की पुत्री के रूप में होता है। पुत्री के विवाह योग्य पति ढूँढ़ने लगते हैं हिमराज। पार्वती को यह जानकारी मिलती है कि उनका विवाह विष्णु से किया जा रहा है। उनकी सखियों के द्वारा उनका अपहरण होता है और उत्तर से सुदूर दक्षिण में जाकर उत्तर की ओर मुँह

करके एक पाँव पर खड़ी हो तपस्या करती हैं। अन्न-जल ग्रहण नहीं करतीं, मात्र बेलपत्र खाकर रहती हैं। उनकी कठिन तपस्या से प्रसन्न होकर शिव विवाह के लिए राजी होते हैं। कहा और माना जाता है कि पार्वती और शिव जन्म-जन्म से दांपत्य के रूप में हैं। 'जनम जनम की रगड़ी हमारी, वरौं शंभू न त रहहूँ कुँआरी।'

मान्यता है कि पार्वती अखंड सौभाग्यवती हैं। विवाह के पूर्व हिंदू लड़कियों द्वारा हरितालिका व्रत करने के पीछे यही भाव रहता है कि वे विवाह में स्थायित्व चाहती हैं, शिव जैसा पति भी, जो अनेकानेक गुणों के खान हैं। विवाहिताओं द्वारा व्रत रखने के पीछे उद्देश्य है—अखंड सौभाग्य की कामना।

इन व्रतों के माध्यम से यह निश्चित होता है कि विवाह का दीर्घायु होना पति-पत्नी, बच्चों और परिवार समाज के हित में भी है। वहीं विवाह का टूटना किसी के लिए शुभ नहीं होता। अन्य व्रतों की तरह यह भी आस्था का पर्व है। आस्था, संकल्प और विश्वास भी। हरितालिका निर्जला व्रत है। व्रती महिलाएँ जल भी ग्रहण नहीं करती थीं। इन दिनों नई पीढ़ी में शरबत और फल लेने की परंपरा विकसित हुई है। कठिन साधना है। इसके पीछे अटूट आस्था ही है। व्रती शरीर अन्न के बिना शुद्ध और स्वच्छ रहता है। इसलिए उस शरीर और मन में जो संकल्प लिया जाता है, वह दृढ़ होता है। संकल्प तो पति के प्रति आस्था कायम रखने का ही होता है, परिवार को सुखी बनाने का। दांपत्य के धर्म को समझने और धारण करने का होता है।

दरअसल पति-पत्नी की जोड़ी स्तुत्य होती है। समाज में उसका बना रहना आवश्यक है। व्रत त्योहारों के माध्यम से मन को पुख्ता किया जाता है या फिर बड़ों के आशीष 'सदा सौभाग्यवती रहो' से जोड़ी बनी रहनी आवश्यक है।

हर विवाहिता की कामना रहती है कि वह सुहागन ही मरे। कुछ पत्नियों को मैंने कहते सुना है, 'मैं सुहागन नहीं मरना चाहती। मुझे इस बात की चिंता सताती है कि मेरे बाद इनकी देखरेख कौन करेगा।' दरअसल पचास-साठ वर्षों तक पति के साथ रहकर पत्नियाँ उनकी माँ के बराबर ही हो जाती हैं। ममता के साथ ही देखरेख करती हैं।

एक पत्नी ने मुझे बताया, "जब मेरा विवाह हुआ, मैं ससुराल जाकर एक-दो दिनों तक मायके छूटने के गम में थी। पति से अधिक बात भी नहीं हुई थी। मैं खिड़की पर खड़ी थी। बाहर सड़क पर एक बूढ़ी महिला लठिया टेके मंथर गति से चली जा रही थी। उसके बाल बिल्कुल सफेद थे। माँग सिंदूर से भरी थी। उस महिला को देखकर मैं रोमांचित हो गई। मैं चहककर बोली, "सुनिए जी, इधर आइए।" वे

शीघ्रता से मेरे पास आए। मैंने कहा, "देखिए न! मैं भी उस उम्र तक सिंदूर लगाना चाहती हूँ।" वे अवाक् रह गए। मुझे पहली बार चहकते देखकर वे खुश भी हुए। बोले, "पंडितजी और सभी बुजुर्गों ने यही आशीष दिया है। चलो, मैं भी कामना करता हूँ—सदा सुहागन रहना।"

मुझे यह प्रसंग सुनाते हुए सीमा की खुशी की सीमा नहीं थी। मैंने भी कहा, "अखंड सौभाग्यवती रहो।" यह कामना, यह संकल्प और आस्था अपने सुख के लिए होती है, पर कल्याण तो समाज का ही होता है। सुखी परिवार, सुखी राष्ट्र का आधार भी होता है।

आज इन व्रत-त्योहारों के प्रति आस्था कम हो रही है। आडंबर बढ़ रहा है। व्रत-त्योहारों में भी उल्लास कम, भोग, अधिक बढ़ रहा है। बाजार समा गया है। नई जोड़ियों को इन बातों को समझाना बहुत आवश्यक है। शिव और पार्वती का एक रूप अर्धनारीश्वर का भी है। यह स्त्री-पुरुष संबंध का एक सार्थक प्रतीक है। इन दिनों पश्चिमी सभ्यता के प्रभाव में भारत में भी पति-पत्नियों के बीच वर्चस्व की लड़ाई प्रारंभ हो गई है। बराबरी का दंगल। सच तो यह है कि प्रकृति ने स्त्री और पुरुष को एक-दूसरे का पूरक बनाकर भेजा है। गुणों में वे एक-दूसरे के पूरक हैं। सामाजिक स्तर पर भी कामों का बँटवारा पूरकता के सिद्धांत पर ही हुआ। विकास के साथ हमने जाने-अनजाने महिलाओं के घरेलू दायित्वों को ही उनका शोषण ठहरा दिया है। घर के दायित्वों को निभाती शोषित महिला। पुरुष शोषक है महिला शोषित। अर्धनारीश्वर के रूप को हम भुला बैठे। महिलाएँ भी पुरुषों के कार्यक्षेत्र में प्रवेश करने लगीं। कार्यक्षेत्र एक होने और बराबरी का अधिकार माँगने में टकराहट भी हो रही है। महिलाओं की अधिकांश समस्याओं की जिम्मेदारी पुरुष प्रधान समाज को दिया जा रहा है। हम शिव-पार्वती की पूजा तो करते हैं, वैवाहिक जीवन का आदर्श उन्हें मानते हैं, पर उनके प्रतीकात्मक रूपों का अर्थ नहीं समझते। अर्धनारीश्वर के रूप का अर्थ है—दोनों की पूरकता। एक के बिना दूसरे की कल्पना ही नहीं की जा सकती, तो बराबरी की लड़ाई का सवाल ही कहाँ उठता है। विवाहित जोड़ियों को शिव-पार्वती के सनातन वैवाहिक जीवन के गुणों को स्मरण रखना चाहिए।

विवाहितों को ही किसी यज्ञ में यजमान बनाना शुभ माना जाता है। वे दोनों हमेशा गाँठ बाँधकर ही बैठते हैं। एक के नहीं रहने पर दूसरे का स्थान उसका चित्र, मूर्ति या लोटा (जल से भरा) को मिलता है।

◻

दलहन का दाना है दांपत्य

भारतीय चिंतन में व्यक्ति नहीं, परिवार ही प्रथम इकाई है। इसलिए सोच और व्यवहार में भी व्यक्ति नहीं, परिवार के विकास की बात उठती रही है। इस 'परिवार' का प्रारंभ एक स्त्री और एक पुरुष के दांपत्य के प्रारंभ होने से ही होता है। दांपत्य रूपी पौधे के विकसित होने के साथ उसमें कई डालियाँ बनती हैं। फिर डाली से डाली। परिवार बढ़ता जाता है। पर जड़ में तो एक दांपत्य ही होता है। जीवन-पद्धति और पर्व-त्योहारों, रस्मों में दांपत्य का विशेष महत्त्व होता है। बहुत सारे धार्मिक अनुष्ठान दोनों के साथ रहने पर ही कराया जाता रहा है। गाँठ जोड़कर ही कन्या का कन्यादान होता है। जिस पुरुष की पत्नी नहीं, उसकी गाँठ लोटे के साथ बाँधने की परंपरा रही है। राम राजा थे, इसलिए यज्ञ में सीता के बिना बैठने के लिए पंडितों ने सोने की सीता बनवा दी थी। उस यज्ञ में ऋषि वाल्मीकि के साथ सीता भी आ गई। किंचित् पति राम की बाईं ओर अपनी सोने की प्रतिमा देखकर भी अपनी माँ (पृथ्वी) की गोद में समा जाने का विचार पुख्ता हुआ हो।

बहरहाल हमें वर्तमान भारतीय दांपत्य की स्थितियों पर विचार करना आवश्यक जान पड़ता है। क्योंकि लड़कियों की उच्च शिक्षा, उनकी नौकरियों के कारण महिला की एक गलत छवि बनाई जा रही है, जो दांपत्य को छिन्न-भिन्न करती है। महिला का अलग व्यक्तित्व बनाया जा रहा है।

यह सही है कि किसी भी दलहन के पुष्ट दाने में दोनों दल (छिलके के नीचे) एक स्थिति में होता है। एक टोकरी में पड़े सहस्र दलहन के दानों में कुछ बीमार, अविकसित और सड़े हुए दाने भी होते हैं, जिन्हें बीनकर फेंक दिया जाता है। पर ऐसा नहीं होता कि एक दाने के दो दलों में से कोई एक दल ही सड़ा-गला हो। दाने सड़ेंगे तो पूरे। दांपत्य और दलहन के दाने में यह साम्यता है। एक दल कमजोर होगा तो दाना ही कमजोर हो जाएगा।

दोनों में एक और साम्यता है। दलहन के दाने के ऊपर एक आवरण (छिलका) होता है। उस छिलका में ही सृजन की शक्ति होती है। छिलका युक्त दानों को (मूँग, चना, मसूर, मटर, अरहर) भिगोकर अंकुरित किया जाता है। उन दानों को बीज बनाकर खेतों में पुनः बोया जाता है। एक दाने से सहस्त्र दाने निकलते हैं। छिलका हटा देने पर अंकुरित नहीं होते दल। दांपत्य वही छिलका है, जिसके अंदर बँधे हैं पति-पत्नी। एक के अविकसित रह जाने पर उस दांपत्य का विकास नहीं होगा, उससे सृजन भी नहीं।

भारतीय समाज में स्त्रियाँ बहुत समय तक अविकसित रह गईं। अशिक्षा, परदा प्रथा, बाल-विवाह जैसे कुप्रथाओं की शिकार। वे घर के अंदर कैद हो गईं। यद्यपि घर के कामकाज में बराबर से भी अधिक काम करती रही हैं, पर उनके अंधकार में रहने के कारण सारा समाज अंधकार में चला गया। इतिहास में उस युग को 'अंधकार-युग' कहा जाता है। बीसवीं सदी के पूर्वार्ध में ही समाजवेत्ताओं ने समाज के पिछड़ने की बीमारी ढूँढ़ ली। स्त्री, शिक्षा का प्रारंभ, बाल-विवाह पर रोक, विधवा-विवाह को सम्मान देना प्रारंभ किया। उसी सदी के मध्य में पश्चिम से चलकर 'नारी मुक्ति' का नारा भी भारत में आया। 1960 से लेकर 2011 का पचास वर्षीय काल महिला विकास की दृष्टि से निश्चय ही उत्तम काल माना जाएगा, वहीं भ्रमित काल भी। स्त्री विकास के लिए भी यह संक्रमण काल है। प्रकृति में बदलाव के संक्रमण काल में हमें अपने स्वास्थ्य को ठीक रखने के लिए सावधानियाँ बरतनी पड़ती हैं, वहीं बदलाव का मुकाबला करने की शक्ति संगृहीत करनी भी। जो ऐसा नहीं करते, वे बीमार पड़ जाते हैं। आज भारतीय दांपत्य बीमार की स्थिति में आ गया है। बड़ी तेजी से दांपत्य के मूल्य बदल रहे हैं। विवाह की अवधारणाएँ बदल रही हैं। इसलिए तो परिवार बिखर रहे हैं। टूट रहे हैं।

दरअसल दांपत्य को दलहन का दाना मानकर ही इसे सुखी और स्वस्थ्य रखने का दांपत्तिय, पारिवारिक और सामाजिक मानस बनाना और तदनुकूल प्रयास उचित होगा। दोनों दलों को पुष्ट बनाना है। स्त्री का व्यक्तित्व विकास तो होना ही चाहिए। उसके शरीर, मन, बुद्धि का विकास हो। उसे रोजगार के अवसर मिले। समान काम के लिए समान वेतन का प्रावधान, वैसे ही जैसे मतदान का समान अधिकार का सख्ती से पालन हो, पर है तो वह दाने का एक दल ही। उसके अर्थार्जन से दांपत्य और सुखी दांपत्य से परिवार खुशहाल होता है। जो अबूझ लोग स्त्री के विकास के अवसर प्रदान कर उसे पूर्ण विकसित कर, परिवार से अलग

या दांपत्य (जिनका दांपत्य है) से अलग खड़ा करना चाहते हैं, वे भूल करते हैं। अपनी कमाई, अपना बैंक बैलेंस से लेकर स्त्री का 'अपना जीवन' तक का सफर कहीं समाज में उसे अलग-थलग न खड़ा कर दे, जो उसकी नियति नहीं है। उसकी चाहत भी नहीं। वह अलग इकाई नहीं है।

स्त्री के ऊपर हो रहे तमाम अत्याचार पुरुषों को शर्मसार करते हैं। स्त्री तो पुरुष की 'इज्जत' रही है। अपने इज्जत की सुरक्षा भी एक पुरुषार्थ ही रहा है। जिस समाज में स्त्री अपना प्राकृतिक और सांस्कृतिक दायित्व (बच्चा पैदा करना और परिवार की देखभाल) भूल जाए, पुरुष पुरुषार्थ हीन हो जाए, उस समाज को बड़े-बड़े मॉल, पाँच सितारा होटल और अट्टालिकाओं में सुरक्षित नहीं रखा जा सकता। चौड़े-चौड़े राष्ट्रीय राजमार्गों पर दरका हुआ दांपत्य नहीं दौड़ सकता।

स्वस्थ समाज के विकास के लिए आवश्यक है—दांपत्य की सुरक्षा। दांपत्य सुरक्षित, समाज सुरक्षित। उदारीकरण के द्वारा वैश्वीकरण और समाज का बाजारीकरण करते हुए यदि हम दांपत्य को छोटा मानकर विकास की सोचने लगे तो आनेवाला समय हमें माफ नहीं कर सकेगा। इन 'करणों' के अभाव में भी देश 'सोने की चिड़िया' था। 'विश्वबंधुत्व' का उद्देश्य भाव था। हर घर को सोने की चिड़िया (आर्थिक विकास) बनाने और परिवार बंधुत्व कायम करने के बाद ही दोनों सनातन आदर्शों को हम अपने वर्तमान में उतारकर व्यवहार में उतार पाएँगे। भविष्य में ले जा सकते हैं। समाज के संतुलित विकास के लिए दांपत्य को स्वस्थ्य रखना आवश्यक है। 'रहिमन देख बड़े न को, लघु न दीजिए डार', स्मरण रखना चाहिए। समस्याओं के समाधान के लिए परिवार ही प्रयास करेंगे, वैश्वीकरण और बाजारीकरण नहीं।

◻

अर्धनारीश्वर : नर-नारी पूरकता का प्रतीक

हमारे देश में बारह महीनों के अपने-अपने रंग होते हैं। यह सावन का महीना है। चहुँओर सात्त्विक वातावरण है। एक तरफ शिवालयों में जल चढ़ाया जाता है, तो दूसरी तरफ काँवड़ियों द्वारा दूर-दूर से जल लाकर देश के प्रमुख शिव-मंदिरों में शिवलिंग पर चढ़ाया जाता है। प्रत्येक सोमवार को शिव की विशिष्ट पूजा-अर्चना होती है। शास्त्र और लोक में शिव के विभिन्न रूप दरशाए गए हैं। शिव-पार्वती के जीवन की कई कथाएँ प्रचलित हैं। पार्वती ने कहा था, "वरौं शंभू न त रहहूँ कुँआरी।" शिव को ही जन्म-जन्मांतर तक वरण करने का उनका हठ था। उन्होंने शिव का ही वरण किया भी। इसलिए दांपत्य-जीवन के लिए शिव-पार्वती का जीवन आदर्श माना जाता है।

लोकगीतों और लोककथाओं में शिव के जिस रूप का वर्णन है, उसे कोई युवती भला कैसे अपना जीवन-साथी बनाने की सोचती? वे भंगेड़ी हैं, सिर पर जटाजूट है, गले में सर्प है। वसहा बरद की सवारी है। सिर से गंगा निकलती हैं। वे भाँग-धतूरा खाते हैं। शरीर में भभूत लगाए हैं। भूत, वेताल, डाकिनी, सकिनी का संग-साथ है। पार्वती ने ऐसे ही वर को प्राप्त करने के लिए तपस्या की थी, कन्याकुमारी में समुद्र-किनारे उत्तर की तरफ मुख करके एक पाँव पर खड़ी होकर तप किया। तब शिव हिमालय पर्वत पर थे। आखिर पार्वती द्वारा किया तप सफल हुआ; उन्होंने शिव को वरण किया। शिव की बारात आने पर उनकी माँ परेशान हो गईं। उनकी बेटी कैसे रहेगी ऐसे असामान्य वर के साथ। मगर पार्वती को वही वर चाहिए था, तात्पर्य यह कि पार्वती शिव के गुणों को जानती थीं। वे सारी कलाओं के देव माने जाते हैं। सब देव देव हैं, वे तो महादेव हैं। पार्वती उनके अंदर की शक्ति को पहचानती हैं; उनका बाह्य रूप नहीं देखती। शिव ने अपने लिए कुछ भी संग्रह नहीं किया था। पारिवारिक जीवन के लिए संग्रह की भी आवश्यकता होती

है, परंतु शिव का कोई अपना घर, खेती या व्यापार नहीं था, फिर भी पार्वती उनके साथ ही रहीं।

शिव का जीवन भारतीय जीवन-दर्शन का आदर्श है। शिव के अनेक रूप दिखाए गए हैं। उनमें से एक रूप अर्धनारीश्वर का है। इस रूप में आधा शिव और आधी पार्वती हैं। इस रूप का अर्थ यह है कि वे दोनों एक-दूसरे पर निर्भर हैं। एक के बिना दूसरे की कल्पना भी नहीं की जा सकती। मनुष्य की आकृति में आधा भाग स्त्री का और आधा भाग पुरुष का है। एक-दूसरे का पूरक। शिव का यह रूप बड़ा गहरा अर्थ रखता है तथा भारतीय दर्शन और व्यवहार के हर क्षेत्र में पूरकता को प्रमाणित करता है। स्त्री-पुरुष भी एक-दूसरे के पूरक हैं, प्रतिद्वंद्वी नहीं, इसलिए कौन बड़ा है और कौन छोटा कहा नहीं जा सकता। पश्चिम की सभ्यता-संस्कृति में नर-नारी के बारे में ऐसा संतुलित सिद्धांत और व्यवहार तथा कहीं नहीं मिलता। नर-नारी की समानता के लिए उनकी संस्कृति में कोई प्रतीक नहीं है। इसलिए वहाँ स्त्रियों को पुरुषों के बराबर लाने के लिए मानो अखाड़े में उतारा गया—कौन बड़ा और कौन छोटा। यह प्रश्न उठाया गया। इसलिए स्त्री-पुरुष के बीच टकराव उत्पन्न हुआ। जिन दिनों पश्चिम में नारी-मुक्ति आंदोलन जोरों पर था। उन दिनों हमारे देश में कुछ चिंतकों और विचारकों ने स्त्री-पुरुष के बीच टकराव को रोकने की कोशिश की। 'स्त्री को पुरुष के बराबर नहीं, विशेष' होने की बात कही। यह कोई नई बात नहीं थी। भारतीय जीवन-दर्शन और व्यवहार में यह बात घुली-मिली थी। घर के काम-काज में भी पूरकता झलकती थी। इसलिए दोनों की बराबरी नहीं, पूरकता का अर्धनारीश्वर रूप समाज की समझ में आया।

सावन मास में शिवलिंग से लेकर शिवालयों में शिव की पूजा-अर्चना के साथ उनके अर्धनारीश्वर रूप की भी पूजा-अर्चना करनी चाहिए। इस पूजा में स्त्री-पुरुष के वर्तमान संबंध की चर्चा होनी चाहिए। देवालयों में प्रवचनकर्ताओं के विषयों में शिव के सर्वरूपों के साथ इस रूप की विशेष व्याख्या होनी चाहिए, ताकि जनमानस में स्त्री-पुरुष के बीच पूरकता की बात तरोताजा हो जाए। हमारे देश में स्त्री-विमर्श, पुरुष-विमर्श की आवश्यकता नहीं है, क्योंकि दोनों अलग-अलग इकाई हैं ही नहीं। दोनों मिलकर एक इकाई बनाते हैं। फिर अलग अस्तित्व का प्रश्न ही कहाँ उठता है। इन दिनों स्त्री पर हो रही ज्यादतियों के लिए पुरुष प्रधान समाज को जिम्मेदार ठहराया जाता है; महिलाओं के विकास में पुरुषों की सोच और व्यवहार में दोष निकाला जाता है। महिलाएँ एक प्रकार से पुरुष-प्रतिद्वंद्विता की स्थिति में आ गई

हैं। यह स्थिति महिला वर्ग के स्वस्थ विकास के लिए लाभकारी नहीं है। इसलिए शिव के अर्धनारीश्वर रूप के सिद्धांत और व्यवहार को बार-बार दरशाने, चर्चा करने तथा व्यवहार में ढालने की आवश्यकता है, ताकि स्त्री-पुरुष एक-दूसरे के सही पूरक बन सकें; एक की उपलब्धि दूसरे की भी उपलब्धि मानी जा सके, वरना पुरुष से कटकर स्त्री अकेली रह जाएगी। उसका स्वस्थ विकास नहीं होगा। पुरुष की तो हानि होगी ही। स्त्री-पुरुष की सहभागिता उसकी पारिवारिक और सामाजिक आवश्यकता तो है ही, प्राकृतिक आवश्यकता भी है।

सावन माह में स्त्री-पुरुष द्वारा बड़े पैमाने पर शिव की आराधना करते हुए शिव और पार्वती के संबंध का स्मरण किया जाता है। 'शिव' शब्द में ही 'इकार' शक्ति है, वरना 'शव' रह जाता। भारतीय संस्कृति में प्रवहमान सभी विचार अर्थवान रहे हैं, इसलिए स्त्री-पुरुष की बराबरी को समझने के लिए हमें विश्व को अर्धनारीश्वर रूप समझाना होगा। मगर सबसे पहले तो हमे स्वयं समझना और व्यवहार करना होगा।

□

भारतीय दांपत्य में शनैः-शनैः बदलाव

जब हम किसी कारण से वर्तमान में पाँच पीढ़ियों की बात करते हैं, एहसास होता है, मानो चार पीढ़ियाँ बीत गई हों, वर्तमान में पाँचवीं उपस्थित हो। ऐसा नहीं होता। एक कालखंड में चार या पाँच पीढ़ियाँ एक साथ उपस्थित रहती हैं। एक साथ रहते हुए भी उनकी सोच और व्यवहार के साथ-साथ समाज द्वारा उन्हें देखने की दृष्टि में भी अंतर होता है। पुरानी और नई पीढ़ियाँ साथ-साथ रहकर भी एक-दूसरे की जीवन दशा और दिशा, सोच और व्यवहार पर आश्चर्य प्रगट करती रहती हैं। पुरानी पीढ़ियों को हमेशा यह एहसास होता है कि नई पीढ़ी उनके हाथों से निकलती जा रही है। उस पर नयापन को अपनाने का भूत चढ़ा है। नई पीढ़ी हमेशा पुरानी पीढ़ी को दकियानूसी करार देती है। दोनों पीढ़ियों में समझदारी और नासमझी का यह द्वंद्व चलता रहता है। कभी-कभी नई पीढ़ी अपनी सोच और व्यवहार में इतना आगे निकल जाती है कि निश्चिंतता से बैठकर पुरानी पीढ़ी की जीवन-शैली को सुनने-समझने का उसे समय ही नहीं मिलता। कभी समय निकाल भी लिया तो कान नहीं देतीं। कान दे भी दिया तो उन्हें दादी-नानी का वह वर्णन विश्वसनीय नहीं लगता, "ऐसा कैसे हो सकता है?" वे आश्चर्य प्रगट करती हैं।

वे अपनी दादी माँ के जीवन में घटे प्रसंगों को उन्हीं की जुबानी सुनकर किसी ऐसी कथा को सुनने के भ्रम में पड़ जाती हैं, मानो कोई परीकथा या तिलिस्म सुन रही हों। मुझे भी अपनी दादी सास के द्वारा 57 वर्ष पूर्व 80 वर्ष पूर्व के प्रसंगों पर विश्वास नहीं होता था।

एक प्रसंग मेरे विवाह (16 वर्ष आयु) के तुरंत बाद का है। किस्सा सुनाते हुए मेरी दादी सास ने सुनाया था—उनके पड़ोस में रह रहे एक देवर, जिनकी पत्नी मर गई थी और उन्हें वे श्मशान घाट पर अंत्येष्टि करके लौटे थे, उन्होंने अपनी प्रिय भाभी को एकांत में कहा, 'भाभी, मेरी पत्नी इतनी सुंदर थी, आपने कभी बताया

नहीं। अभी जब उसके शव को नदी में नहलाने के लिए कपड़े उतारे गए मैं उसका रूप देखकर दंग रह गया। कितनी सुंदर थी मेरी पत्नी।' कहकर वे फफक पड़े। उन्हें सांत्वना देती उनकी भाभी भी रोने लगीं। देवर फिर विफरे, 'अब मैं अपने छोटे-छोटे तीन बच्चों को अकेले कैसे पालूँगा?'

दादी सास द्वारा वर्णित प्रसंग की स्मृति से मेरे लिए विशेष स्मरणीय बात यही बनी कि तीन बच्चों के पिता ने अपनी पत्नी को विवाह के दस वर्ष बाद भी देखा नहीं था। सत्तर वर्ष पूर्व से ही पत्नियों की पारिवारिक परिस्थितियों को सुनते, देखते और गुनते हुए मेरे लिए भी वह प्रसंग अविश्वसनीय ही था। लेकिन मैंने विश्वास कर लिया। मेरी पोतियाँ ऐसे प्रसंग सुनने के लिए भी तैयार नहीं, क्योंकि उनकी समझ से परे है, उनकी पाँच पीढ़ियों पूर्व का जिंदगीनामा।

उनकी कल्पना से परे है यह ज्ञान कि उन दिनों बिजली थी नहीं और पति-पत्नी दीया या लालटेन की रोशनी में रात्रि को नहीं मिलते थे। वे सूरज की रोशनी में भी कभी नहीं मिलते थे। पत्नी के मुख पर सदा लंबा घूँघट होता था।

इस तरह हर पीढ़ी में सामाजिक स्थितियाँ बदलती गईं और नारी की सोच से लेकर खानपान, रहन-सहन और आचार-विचार भी। पहली पीढ़ी की पत्नियों के लिए उनके पतियों का जीवन ही उनके लिए सबकुछ था। इसलिए उनके खानपान और शान-शौकत पर ही विशेष ध्यान देती थीं पत्नियाँ। वे दिन या रात में भी 'शयेने रम्भा' के सिवाय और कुछ नहीं होती थीं, पतियों का सुख ही उनके जीवन का लक्ष्य होता था। पति के साथ उस परिवार का वंश भी बढ़ना चाहिए, यह सोच होती थी उनकी। इसलिए यदि स्वयं के गर्भ से बेटा नहीं हुआ तो कई पत्नियाँ वंशवृद्धि के लिए पतियों के 'ना-ना' करने पर भी उनका दूसरा विवाह करवा देती थीं। अपनी सौत (जो उम्र में बेटी के बराबर होती थी) के खानपान का विशेष ध्यान रखतीं। उसकी कोख से पुत्र पैदा होने के लिए देवी-देवताओं की मनौतियाँ भी रखतीं। पुत्र पैदा लेने पर जच्चा और बच्चे की सेवा-शुश्रूषा करतीं। परिवार की वंशवृद्धि होने से उन्हें प्रसन्नता होती।

देखते-देखते उनकी बेटियाँ और बहुएँ उनसे भिन्न दिखने लगीं। संयुक्त परिवारों में रहकर भी वे अपने पतियों के लिए विशेष भोजन बनातीं। उनकी कोशिश होती कि वे अपने हाथों से परोसकर पतियों को खिलाएँ, भले ही चेहरा लंबे घूँघट के नीचे छुपा हो। अकेले में पति को भोजन परोसती वे पत्नियाँ अपने स्वार्थ और सुख-दुःख की भी बातें करने लगतीं। वंश के साथ अपने परिवार की भी चिंता

उन्हें होने लगी, इसलिए दूसरी पीढ़ी में भाइयों के बीच शीघ्रता से बँटवारा हो जाता था। एक ही घर-आँगन में रहकर वे अपने परिवार का विशेष ध्यान रखतीं। वे घर-आँगन में कैद नहीं रहतीं। मायके और ससुराल के अलावा मेला-ठेला और तीर्थस्थान जाने से वे दुनिया देखने लगीं। अँखफोड़ होने के बाद भी अपने पतियों के सुख का विशेष ध्यान देतीं। उनका अपना जीवन जैसे हो ही नहीं। उनका जीवन समाहित था पति के जीवन में।

तीसरी पीढ़ी की लड़कियों में पढ़ने-लिखने की प्रथा विकसित हुई। कोई-कोई पिता अपनी बेटियों को विद्यालय भेजते या दरवाजे पर मास्टर रखकर पढ़ाते। थोड़ी ही सही, शिक्षा ने उनके जीवन में अधिक बदलाव ला दिया। वे शहर जाकर सिनेमा-सरकस देखने लगीं, चिट्ठी-पत्री लिखने लगीं। बाजार से अपनी पसंद की साड़ी, चूड़ी, बिंदी और कभी-कभी गहने खरीदने लगीं, लेकिन पुरुष के साथ सुरक्षा में ही। वह पुरुष उनका छोटा भाई या बेटा ही क्यों न हो। उठा हुआ घूँघट ललाट तक आ गया था। लेकिन घूँघट के नीचे से घुमड़ना प्रारंभ हो गया था। स्पष्ट नहीं, पर आवाज अवश्य मिली थी। उनमें थोड़ी-थोड़ी अधिकार चेतना भी आती गई और पतियों की तुलना में अपने को दोयम दर्जा मिलने की समझ पर खीझ भी। तभी विभिन्न अवसरों पर गाए जानेवाले गीतों में उनके कंठ स्वर से शब्द फूटने लगे, 'पीड़ा तो मैंने सही, सैंया का लाल कैसे हुआ ?' ऐसे घनेरे गीतों में वे पति से बराबरी का अवसर चाहने लगीं। पति-पत्नी के बीच एक ओर से संपूर्ण समर्पण और प्रेम में दरारें पड़ने लगीं। हर गाँव में इक्की-दुक्की पत्नियों के उदाहरण प्रस्तुत होने लगे, जो पति और परिवार को छोड़कर मायके जाकर बसने लगीं। पति भी थोड़े सचेत हुए। पत्नियों का खयाल करने लगे, पर परिवार से लुक-छिपकर। शायद ही कोई ऐसा पति होगा, जो अपनी पत्नी को शहर ले जाकर बीमारी का इलाज करवाता हो। मेरे पिताजी इलाके के पढ़े-लिखे पति थे मास्टर। मेरी माँ भी मास्टरनी कहलाती थी। उस पद को वह बड़े गर्व से जीती थीं। अपने पति द्वारा गर्भवती पत्नी के इलाज कराने के कारण ही मेरी माँ बच गई। मुझे छात्रावास में भेजकर पढ़ाया मेरे पिता ने।

अगली पीढ़ी में पत्नियों की स्थितियाँ थोड़ी और बदलीं। उनकी सोच में परिवर्तन आया। पतियों के प्रति प्रीत रहने के बावजूद वे अपने बारे में भी सोचने लगीं। अधिकांश पत्नियाँ गाँवों में ही रहती थीं। शिक्षा के प्रचार के कारण वे विभिन्न नौकरियों के लिए गाँवों से शहर जाने लगीं।

उन पढ़ी-लिखी पत्नियों ने 'अपना जीवन' की खोज कर ली। उन्हें भी समाज में अपनी पहचान चाहिए थी। मास्टर की पत्नी मास्टरनी, दारोगा की पत्नी दरोगाइन, जैसे विभिन्न पदों को भोगने के स्थान पर स्वयं मास्टरनी, लैक्चरर, नर्स, क्लर्क और सरपंच-मुखिया बनने लगीं।

राजनीतिक और सामाजिक संस्थाओं में उनके कदम पड़े। अहर्निश पति की सुख-सुविधा की चिंता और तदनुसार कार्य में कमी आती गई। इन पढ़ी-लिखी माताओं और उनकी देखा-देखी अनपढ़ पत्नियों ने भी अपनी बेटियों को पढ़ाने में रुचि लेना प्रारंभ किया। समाज और सरकार की सोच में भी लड़कियों को लड़कों के बराबर का अवसर देने के भाव प्रबल होने लगे। वर्तमान समाज में उपस्थित युवा पत्नियाँ घर और बाहर का भी काम सँभालती हैं। लेकिन उनका दफ्तर और बाहरी कार्यक्षेत्र अधिक प्रमुख हो गया है। 'घर' जो घरनियों का ही क्षेत्र माना जाता रहा, वह उपेक्षित हुआ है। कामकाजी महिलाएँ 'एक या एक भी नहीं' शिशु की माँ बनने के लिए कृत संकल्पित हो रही हैं। उनके पास बच्चा नहीं पैदा करने के अनेक दलीलें हैं। यह बात दीगर है कि उच्च डिग्रियाँ प्राप्त युवतियाँ जब विवाह के बाद माँ बनती हैं, वे ही अपना काम छोड़ बच्चे के लालन-पालन को प्रमुखता दे रही हैं। एकल परिवारों में घर के कामकाज में पतियों का भी सहयोग बढ़ा है।

पति-पत्नी के बीच, पत्नियों में बराबरी का भाव बढ़ा है। वे घर के कामों से लेकर बाहरी कार्यों में पति के पूर्ण सहयोग की अपेक्षा रखती हैं। इसलिए भी कि अब सास-ससुर, ननद-देवर घर में नहीं हैं। घर के कामों में कौन सहयोग करे? अनेकानेक कष्ट सहकर भी मात्र पति की पत्नी बनकर रहने की परंपरा टूट गई। आपसी विचारों में भी समानता नहीं होने पर परिवार टूट रहे हैं।

सबकुछ बदल गया, ऐसा नहीं कहा जा सकता। बदलाव आया है। कारण अनेकानेक है। एक-दूसरे के लिए समर्पण ही दांपत्य का आधार माना जाता है। दुःख-सुख में साथ निभाना दांपत्य का तकाजा है। बाहरी और भीतरी बदलावों के बावजूद बहुत कुछ बरकरार है, इसलिए दांपत्य कायम है।

❑

दांपत्य : पूर्ण नजदीकियाँ, थोड़ी-थोड़ी दूरियाँ

पति-पत्नी के रिश्ते को 'दो शरीर एक प्राण' माना जाता है। दोनों एक छत के नीचे रहते हैं। दोनों का एक हित है। यहाँ तक कि दोनों के आय पर भी दोनों का हक है, क्योंकि घर एक है, जिम्मेदारियाँ एक।

मनोवैज्ञानिक और समाजशास्त्रियों का मत है कि दोनों की रुचि, अरुचि, चाहत और स्वाद में भिन्नता या विरोधाभास रहने पर अभियोजन की संभावनाएँ अधिक बढ़ जाती हैं। मानो पति को मीठा पसंद हो पत्नी को खट्टा, पति को ठंडा पसंद हो पत्नी को गरम, पत्नी को घूमना पसंद हो पति को घर में रहना, पति को पढ़ना पसंद हो पत्नी को सिनेमा देखना, इस प्रकार की रुचि, स्वभाव व आदत भिन्नता होने पर दांपत्य अधिक सुखी होता है। दीर्घायु भी। ऐसा सुनने में अटपटा भले ही लगता हो, क्योंकि हम तो मानकर चलते हैं कि दोनों की राहें एक हैं तो दोनों के लिए एक रुचि का होना आवश्यक है। उनकी दृष्टि और व्यवहार भी एक हो। क्योंकि दांपत्य एक वचन शब्द है। अपना-अपना वजूद समाप्त कर मिलते ही दोनों एक हो गए। ऐसा संभव है क्या? क्योंकि दोनों दो भिन्न परिवेश में पले-बढ़े होते हैं।

अधिकांश जोड़ियों के बीच दोनों परिवारों में आर्थिक स्थितियों और संस्कार जनित व्यवहारों में भी बहुत अंतराल दिखता है। विवाह के उपरांत दो भिन्न परिस्थितियों में आए युवक-युवतियें से एकाकार होने की अपेक्षा रहती है। यह भी देखा जाता है कि पति-पत्नी एकरस होने की जगह आजीवन एक-दूसरे को अपनी रुचि, आदत और स्वभाव की ओर खींचते रहते हैं। एक-दूसरे पर अपना विचार-व्यवहार-संस्कार थोपने की कोशिश करते हैं। यह वर्चस्व की लड़ाई आजीवन चलती रहती है, पर दांपत्य टूटता नहीं। परिवार बिखरता नहीं। समाज-जीवन में ऐसे

दांपत्य : पूर्ण नजदीकियाँ, थोड़ी-थोड़ी दूरियाँ

हजारों दांपत्य को देख-सुनकर तो इसी निष्कर्ष पर आना पड़ता है कि एक वचन शब्द दांपत्य दो विरोधी शब्दों से बना है। दांपत्य का लक्ष्य बच्चों और परिवार का पोषण है, मात्र दांपत्य की सुरक्षा में उलझे रहना नहीं। एक-दूसरे को अपने अनुसार ढालने का युद्धस्थल नहीं है दांपत्य। दांपत्य तो दो भिन्न सुगंधों को समेटे परिवार के पोषण में निरंतर लगे रहने का सहजीवन है। विवाह के सात फेरे ले लेने तथा सिंदूरदान कर देने से दांपत्य की गाँठ बँध भर जाती है। पर वह गाँठ एक-दूसरे को अपनी ओर खींचते रहने के कारण ही सख्त, सख्तर से सख्ततम होती जाती है। दोनों भिन्न हैं। दोनों के बीच खींचतान इसलिए है कि जीवनपर्यंत एक-दूसरे को समझने की सहयात्रा है वैवाहिक जीवन। अपनी बात न समझ पाने की पीड़ा में भी सुखद अनुभूतियाँ सँजोती सहयात्रा। किसी भी पति-पत्नी के संग-साथ या अलग-अलग मिलिए। सुनने में आता है—"ये मेरी सुनते ही नहीं।"

"इन्होंने कब सुनी मेरी।" अहर्निश पिताजी की सेवा में रत मेरी माँ कहा करती थी, "अंधे के आगे रोना, अपना दीदा खोना"। पिताजी की कसक भी ऐसी ही थी, "एक तुम्हारी माँ है, कभी नहीं सुनी मेरी।" एक-दो दिनों की बात नहीं, सात-आठ दशकों तक नहीं सुनी। पर अपनी सुनाने के क्रम में एक-दूसरे के हित के लिए जीने की साधना नहीं तोड़ी दोनों ने।

ऐसा है दांपत्य। दोनों की भिन्नताओं को स्वीकारने में ही समझदारी है। विवाह के साठ वर्षीय जीवन में हर पल अपनी ओर खींचते रहने के प्रयास में लगे मेरे पति ने अब हमारे बीच विरोधाभासों और भिन्नताओं की सूची तैयार कर ली है। खान-पान, रहन-सहन, रुचि-अरुचि में कहीं से भी समरसता नहीं है। मित्रमंडली कहती है, "आप दोनों तो संपूर्ण रूप से एक हो चुके हैं।" ऐसा दिखता है ऊपर से। दरअसल जिन दंपतियों ने एक-दूसरे की भिन्नताओं को मान्यता दे दी, विरोधाभासों को स्वीकार कर लिया, उन्होंने विरोधी रंगों से ही सुंदर छींट-रूपी दांपत्य बना लिया। समाज को आकर्षित करते हैं ऐसे दांपत्य।

प्रकृति ने दो भिन्न-भिन्न गुणों से सुसज्जित स्त्री-पुरुष बनाए हैं। जीवन जीने के लिए दांपत्य में दोनों प्रकार के गुणों की जरूरत होती है। दोनों की भिन्नताओं से ही पूरकता बनती है। दोनों पूरक हैं एक-दूसरे के, एकरस नहीं। दोनों का मिलन प्रकृति की जरूरत है। संसार चलाने के लिए, सृष्टि को चलायमान रखने के लिए।

इसलिए यह आवश्यक है कि पति-पत्नी एक-दूसरे के लिए जीते हुए अपना जीवन-ध्येय परिवार की उन्नति बनाएँ। पर वे अपना अलग-अलग अस्तित्व भी

बनाएँ रखें। जीवन में साहित्य, राजनीति, संगीत, खेल जैसे क्षेत्रों में दोनों की अलग-अलग रुचि हो सकती है। जिस क्षेत्र के बारे में जानने, सुनने या भूमिका निभाकर एक का जीवन सुखकर होता है। दोनों को इस बात की छूट मिलनी चाहिए कि वे अपनी रुचि के क्षेत्र में सिद्धता हासिल करें। पति-पत्नी एक साथ बैठकर अपने-अपने क्षेत्र की गतिविधियों या उपलब्धियों की सूचनाओं का आदन-प्रदान भी करें। इससे दोनों का ज्ञानवर्धन भी होता है और दांपत्य-जीवन में आनंद भी। कई बार दोनों के अलग-अलग क्षेत्र होने पर आपसी रंजिश हो जाती है। इतना कि वे एक-दूसरे के क्षेत्र के बारे में सुनना भी पसंद नहीं करते। फिर तो दांपत्य-जीवन भी दूभर हो जाता है। कई बार दोनों एक-दूसरे का रुचिक्षेत्र जीवन को बरदाश्त कर लेते हैं। उन क्षेत्रों के बारे में जानते नहीं। जानना भी नहीं चाहते।

दोनों स्थितियाँ दांपत्य के लिए अनुकूल नहीं हैं। दांपत्य को सुखद और दीर्घायु बनाने के लिए आवश्यक है कि घर से बाहर दो विरोधाभासी जीवन-क्षेत्रों को जीनेवाले पति-पत्नी भी घर के अंदर एकाकार हो जाएँ। दोनों के बीच इतनी समझदारी हो कि अपने-अपने क्षेत्र में आगे बढ़ सकें। वे एक-दूसरे को सुनें। सलाह दें। पर साँसें तो अपनी होंगी। घर के अंदर भी वे अपने अनुसार साँस तो ले ही सकते हैं।

अकसर पति-पत्नी की मित्रमंडली भी अलग-अलग होती है। पति की महिला मित्रों की सराहना पत्नी नहीं करती। पत्नी के पुरुष मित्रों को भी पति बरदाश्त नहीं कर सकता। दोनों का जीवन नरक हो जाता है। सच तो यह है कि महिला के पुरुष और पुरुष की महिला मित्रों की आज संभावनाएँ बढ़ गई हैं। वे विशुद्ध रूप से मित्र हो सकते हैं। ऐसी मित्रता को दांपत्य के बीच भी सराहना मिलनी चाहिए। ऐसा होने पर बात मित्रता तक टिकी रह जाती है। दांपत्य में स्त्री और पुरुष मित्रों की संख्या बढ़ जाती है। दोनों का दिल और दिमाग बड़ा होना चाहिए। बस, थोड़ा सा फासला तो चाहिए ही। दोनों दो शरीर हैं।

कितने पति यह कहते सुने जाते हैं—"यह मेरी मित्र थीं। अब मेरी पत्नी भी हो गईं।" ऐसी उक्तियाँ पत्नियों को भी अपने पुरुष मित्रों के लिए मिलती है। दांपत्य दमकता-चहकता रहता है। देखने और मिलनेवाले भी चहक उठते हैं। आज भी ग्रामीण-जीवन में पति-पत्नियों के बीच अधिक फासले होते हैं। दोनों के कार्यक्षेत्र भिन्न हैं। मिलन कम होता है, पर प्रेम बना रहता है। शहरी जीवन में घर के अंदर शारीरिक फासले बहुत कम होते हैं। दरवाजा और आँगन तो है ही नहीं। ड्राइंगरूम

या बेडरूम। एक हाथ की दूरी पर रहने की मजबूरी है। एक-दूसरे पर हावी होने या अपनी थोपने का सिलसिला चलता रहता है। टकराव अधिक होता है। दांपत्य शीघ्र टूटता है।

करवा चौथ या हरितालिका तीज व्रत करके पति के दीर्घायु होने की कामना करना सराहनीय है, परंतु दीर्घायु दांपत्य को सुखमय बनाने के लिए आवश्यक है दोनों के बीच स्वीकृत फासले। दोनों ओर से इन फासलों की स्वीकृति ही परिवार-जीवन को हरा-भरा बनाता है। संगम पर गंगा-यमुना के दो रंगों का बहाव देखने हम जाते हैं। सफेद और काला रंग मिलकर संगम बनाता है। दांपत्य के दो सुखद रंग भी दूसरों के लिए मोहक रंग होते हैं।

हाल ही में एक नौजवान से मुलाकात हुई। वह अपने दादा-दादी के प्रेम में आकंठ डूबा था। बोला, "मेरे दादा को घोड़ा चढ़ने का शौक था। पचहत्तर वर्ष की आयु में भी घोड़े पर निकल जाते। मेरी दादी बहुत भला-बुरा कहतीं। उनके घर लौटने तक दरवाजे पर ही इंतजार करती बैठी रहतीं। हमें भी चैन से नहीं रहने देतीं। पर दरवाजे पर मेरे दादाजी के लौटते ही लड़ना-झगड़ना प्रारंभ कर देतीं। मैं आज की नई जोड़ियों को देखता हूँ तो लगता है—इनके बीच वैसी प्रीत कहाँ! ये लड़ना भी नहीं जानते। बातों-बातों में संबंध तोड़ लेते हैं। मेरे दादा-दादी के बीच लड़ती-झगड़ती झाड़ियाँ थीं। पर उन झाड़ियों के नीचे प्रीत के जल का प्रवाह था। उनकी वे लड़ाइयाँ एक-दूसरे के हित की चिंता-रस से सिंचित होती थीं। पचहत्तर वर्षीय दांपत्य में दोनों अलग-अलग ही दिखते थे, पर अंदर से जुड़े हुए थे।"

एक-दूसरे को पूर्णरूपेण अपनाने, एकाकार हो जाने की जिद्द से कहीं दांपत्य ही जमने के पूर्व बिखर न जाए। दोनों का अलग-अलग कायम वजूद दांपत्य-प्रीत में प्रगाढ़ता लाता है।

महात्मा गांधी को एक पछतावा था—"मैं जीवन भर एक 'जुआरी' रहा हूँ। सत्य का शोध करने के लिए अपने उत्साह में और अहिंसा में अपनी आस्था के अनवरत अनुगमन में, मैंने बेहिचक बड़े-से-बड़े दाँव लगाए हैं। इसमें मुझसे कदाचित् गलतियाँ भी हुई हैं, लेकिन ये वैसी ही हैं, जैसी किसी युग या किसी भी देश के बड़े-से-बड़े वैज्ञानिकों से होती हैं।

मैंने अहिंसा का पाठ अपनी पत्नी से पढ़ा, जब मैंने उसे अपनी इच्छा के सामने झुकाने की कोशिश की। एक ओर मेरी इच्छा से दृढ़ प्रतिरोध, और दूसरी ओर मेरी मूर्खता को चुपचाप सहने की उसकी पीड़ा को देखकर अंतत: मुझे अपने

पर बड़ी लज्जा आई और मुझे अपनी मूर्खतापूर्ण धारणा से मुक्ति मिली कि मैं उस पर शासन करने के लिए ही पैदा हुआ हूँ। अंत में, वह मेरी अहिंसा की शिक्षिका बन गई।"

नवविवाहिता जोड़ी सुधा और सुभाष के बीच प्रगाढ़ प्रेम था। पर पति का दिन भर घर में रहना उसे बिल्कुल पसंद नहीं। उपकुलपति द्वारा कॉलेज में अधिक समय तक उपस्थिति की सख्ती करने पर सुधा का व्याख्याता पति चार घंटे कॉलेज में रुकने लगा। सुधा बहुत खुशी हुई थी।

☐

दांपत्य का चौथापन

सफेद-सफेद बाल, कमर थोड़ी झुकी हुई, चल-चलकर घिसे घुटने चलने से लाचार, आँखों पर मोटे शीशे का चश्मा, दोनों जबड़ों को थामे नकली दाँत, ये सब शृंगार हैं बुढ़ापे के, परंतु इस शृंगार में सजी महिला की माँग सिंदूर से भरी हो या गले में मंगल सूत्र लटक रहा हो तो देखनेवालों की भी आँखें जुड़ा जाती हैं। जीवन में पाँच, छह या सात दशकों का साथ मायने रखता है। सत्तर की आयु में तो व्यक्ति अपने जीवन के प्रति भी निरासक्त हो जाता है। परंतु अकसर देखा जाता है कि दांपत्य को इस उम्र तक पहुँचाकर एक-दूसरे के प्रति आसक्ति बढ़ जाती है। दरअसल दांपत्य की शुरुआती दौड़ में एक-दूसरे को जोड़ने के कई कारण रहते हैं। शारीरिक आकर्षण होता है, पर दूसरे चरण में बच्चों की जिम्मेदारियाँ जोड़ती हैं। बच्चों की पढ़ाई-लिखाई, शादी-ब्याह और नौकरी रोजगार के विषय में निर्णय लेते समय पति-पत्नी के बीच विचारों का विरोधाभास भी उभरकर सामने आता हैं। एक-दूसरे से खूब शिकायतें रहती हैं। बच्चों के भी घर बस जाने पर माँ-बाप का दांपत्य अकेला हो जाता है, तब यह समय जोड़-घटाव का होता है। दांपत्य ने क्या खोया, क्या पाया का हिसाब लगाया जाता है। इस अवस्था में भी कभी-कभी एक-दूसरे की गलतियाँ ढूँढ़ी जाती हैं। खोने के लिए एक-दूसरे को दोषी ठहराया जाता है। जीवन में पाने का कारण दोनों अपना-अपना ठहराते हैं।

दांपत्य का चौथापन बहुत शांत और गंभीर हो जाता है। पीछे मुड़कर देखने से स्वयं दोनों को आश्चर्य होता है। साठ-सत्तर वर्षों का सहजीवन। कैसे काटा? कैसे निभाया? दरअसल अलग-अलग तो कुछ भी नहीं होता। दोनों का जीवन-लक्ष्य एक हो जाता है। लक्ष्य भिन्न होने पर टकराव की स्थिति उत्पन्न होती है। एक होने पर कैसा टकराव। प्रारंभिक दांपत्य में दोनों के दो संस्कार

स्पष्ट दिखते हैं। दोनों के पालन-पोषण और शिक्षा-दीक्षा में भिन्नता होती है। दो परिवेश से आते हैं। उस अवस्था में शारीरिक आकर्षण और संबंध से भिन्नता पटती है। परंतु चौथेपन में आते-आते तो वे भिन्नताएँ कब की मिट गई होती हैं। खान-पान, रहन-सहन, सोच-विचार लगभग एक हो जाता है।

इस अवस्था को गंभीर और उपयोगी बनाने में शीघ्र ही संसार त्यागने के भाव का भी महत्त्व होता है। संसार जब छोड़ना ही है तो क्या गिला-शिकवा। प्रथम, द्वितीय और तृतीय अवस्था तक जीवन जीने की ललक रहती है। कुछ-न-कुछ प्राप्ति की आश। और इस कार्य में कभी एक-दूसरे के विचार और व्यवहार बाधक होते हैं। झल्लाहट होती है। लड़ाई-झगड़ा भी, परंतु चौथेपन में सारे विवाद मिट गए होते हैं। इसलिए एक-दूसरे के प्रति जो प्रेम होता है, वह न शारीरिक, न मानसिक, न बौद्धिक। वह तो सिर्फ आध्यात्मिक संबंध ही रह जाता है—निरपेक्ष और निरासक्त।

कुछ दंपतियों को इस अवस्था को बहुत जीवटता से जीते देखा जाता है। वे एक-दूसरे के बिना एक पल भी नहीं रह पाते। यह भी देखा जाता है कि एक के अचानक दिवंगत होने पर दूसरा भी बहुत दिन जीवित नहीं रहता। संग-साथ रहने का ऐसा अभ्यास हो जाता है कि बिछुड़ने पर जीना दूभर हो जाता है।

यह भी सत्य है कि अपने चौथेपन तक बहुत कम दांपत्य जीवित रहता है। यदि दूसरे-तीसरे अवस्था में पति का देहांत हो गया तो पत्नी बच्चों के साथ रहकर समय काट लेती है, परंतु पत्नी के दिवंगत होने पर पतियों का जीवनयापन ज्यादा कठिन हो जाता है। बुजुर्ग महिला अपने बेटों के परिवार में भी उपयोगी और समरस हो जाती है। बुजुर्ग पुरुष घर में रहकर भी बिल्कुल अकेला हो जाता है। इसलिए जीवन के अंतिम समय में भी पत्नियों की अधिक जरूरत होती है। दांपत्य जीवित रहे तो अति उत्तम। जो लोग छोटी-छोटी बातों में उलझकर प्रथम या द्वितीय चरण में ही संबंध-विच्छेद कर लेते हैं, उन्हें दांपत्य जीवन के महत्त्व का क्या अंदाजा लगे। दांपत्य का आनंद चौथेपन में भी मिलता है। या यों कहें कि जवानी अकेले भी काटी जा सकती है। बुढ़ापे में एक-दूसरे के सहारे की जरूरत अधिक होती है।

पिछले वर्ष अमेरिका (शिकागो) में एक ऐसे परिवार (भारतीय) में भोजन के लिए गए, जहाँ पति-पत्नी (भारतीय) के बीच संबंध-विच्छेद की नौबत आ गई थी। दो घंटे हम रुके। बाद में मेरी बेटी ने बताया। उसके प्रोफेसर डॉ. स्वामी

कह रहे थे, "तुम्हारे माता-पिता को दांपत्य के तीसरे पन में भी साथ देखकर मेरी पत्नी को प्रेरणा मिली। वह बहुत खुश है। कहती है, अभी तो हमारे बच्चे छोटे हैं, इसलिए एक-दूसरे से शिकवे-शिकायत हैं। सिन्हा दंपती की आयु में आकर हमें भी जीवन का सही आनंद मिलेगा। उनकी तरह हम भी बच्चों के पास घूमते रहेंगे। कभी यहाँ, कभी वहाँ।"

◻

पति भी आदर्श ही चाहिए

जीवन को सहज, सरल और सुखद बनाने के लिए व्यक्ति, परिवार और समाज में कुछ नियम-उपनियम बनते रहे हैं। इसी क्रम में जीवन का आदर्श भी रखा जाता रहा है। ये आदर्श हमारे जीवन का दिशा-निर्देश करते रहे हैं। कोई आवश्यक नहीं कि शत-प्रतिशत लोग उसी आदर्श पर चलें। परिवार जीवन में भाई, पति, पिता और पुत्र के लिए भी आदर्श रहे हैं। वे कैसे हों? तात्पर्य यह नहीं कि वह देखने-सुनने में कैसा है। उसमें कितना पौरुष है? वह कितना विद्वान् है? वह तभी आदर्श माना जाएगा, यदि उसने पिता, भाई, पति और पुत्र के नाते समाज सम्मत कर्तव्य पूरी निष्ठा और विश्वास के साथ निभाया है। कष्ट सहकर भी अपनी माँ, बहन, पत्नी और पुत्री के लिए सुविधाएँ उपलब्ध कराई हैं। उन्हें मानवी के नाते सम्मान दिया है। धन-धान्य, शरीर-सौष्ठव और बुद्धि से वह कमजोर भी हो सकता है। परंतु यदि उसने अपने साथ रह रही महिलाओं के साथ उचित और अपेक्षित व्यवहार किए हैं तो निश्चितरूपेण वह व्यक्ति अपने समाज के लिए आदर्श माना जाता है। लोग कहते सुने जाते हैं, "देखो, फलाँ व्यक्ति कैसा आदर्श पति है!"

इसलिए पुरुष और स्त्री के किसी भी दो रिश्तों के बीच आदर्श एकांगी नहीं होता। यदि आदर्श पत्नी के लिए कुछ गुण निर्धारित किए गए हैं तो आदर्श पति की भी परिकल्पना है। यदि उसने पति का धर्म (कर्तव्य) नहीं निभाया तो उसे समाज से प्रताड़नाएँ भी मिलती रही हैं। पत्नियों के लिए निर्धारित आदर्श अधिक स्पष्ट होता है। इसलिए भी कि दांपत्य जीवन में उसे कर्तव्य अधिक करने पड़ते है, जो साफ दिखता है। सुबह से शाम तक पति, बच्चे और परिवार की सुख-सुविधाओं का ध्यान रखती महिला के कामकाज को देखा, परखा और आँका जाता है। इस आधार पर उसका आदर्श स्थापित होता है। गाँव में लोग कहते-सुनते जाते हैं, "देखो! कैसी आदर्श नारी है!"

आदर्श पति के कार्य इतने स्पष्ट तो नहीं होते, पर होते तो हैं। पत्नी, बच्चों और परिवार के प्रति उसकी भी निष्ठा अपेक्षित है। यदि वह इन रिश्तों के प्रति ईमानदार नहीं है, केवल अपनी सुख-सुविधाओं के लिए कार्य करता है, तो कदापि आदर्श व्यक्ति नहीं होगा।

उसका भी पतिधर्म निर्धारित है। पत्नी के भरण-पोषण से लेकर उसके प्रति आदर भाव अपेक्षित है। पत्नी के बीमार पड़ने पर उसकी सेवा-शुश्रूषा करना या करवाना उससे अपेक्षित हैं ही। बच्चों के लालन-पालन और माँ-बाप की सेवा में भी पत्नी को सहयोग देना आवश्यक माना जाता है। यदि कोई पुरुष ऐसा नहीं करता तो समाज भी उसकी भर्त्सना करता है। यदि कोई पुरुष अपनी क्षमता से अधिक अपनी पत्नी के लिए सुख-सुविधा जुटाने और उसके दैनंदिनी में सहयोग करता है, तो उसे आदर्श पति माना जाता है।

दरअसल 'आदर्श' शब्द और भाव से विभूषित होने के लिए स्त्री या पुरुष को दूसरों के लिए कष्ट उठाना आवश्यक है। अपने लिए जीनेवाला व्यक्ति परिवार और समाज का कभी आदर्श नहीं हो सकता। पति-व्रत का विधान रहा है तो पत्नी-व्रत का भी आदर्श रहा है। नारियाँ सती (सत् पर चलनेवाली) होती थीं, तो पुरुषों के लिए भी पति के रूप में सत निभाने का चलन रहा है। जब पति-पत्नी मिलकर एक इकाई 'दंपती' बनते हैं तो दोनों को बराबर होना होगा। एक पक्ष (पत्नी) कर्तव्य निष्ठ और दूसरा भाग (पति) कर्तव्यच्युत होने पर संबंध नहीं निभता। हमारे समाज में यह गलत धारणा फैल गई कि औरत को ही सारे कर्तव्य निभाने और उनसे ही आदर्श पत्नी बनने की अपेक्षा है। सच तो यह है कि पतियों के भी व्यवहार निश्चित हैं। यदि वे समाज द्वारा निर्धारित और अपेक्षित व्यवहार पर खड़े उतरते हैं तो आदर्श पति कहलाते हैं। समाज में उनको सम्मान मिलता है। पति-पत्नी के बीच भी आज 'अपनी जिंदगी' जीने की चलन में आदर्श की स्थापना कैसे होगी? दूसरों के लिए जीकर ही कोई आदर्श बन सकता है।

□

दांपत्य की दरारों में फँसते बच्चे

देखा-समझा जाए तो विवाह का उद्देश्य ही बच्चा पैदा कर उनका पालन पोषण, उचित देख-रेख और उनके व्यक्तित्व को संस्कार-शिक्षा से सजाना है। यह बात जुदा है कि आज पढ़े-लिखे लाखों रुपए (पैकेज) कमानेवाले नए दंपतियों ने बच्चा पैदा करने को जोखिम उठाना मान लिया है। दरअसल उन्हें अपना पैकेज बढ़ाने की फिक्र रहती है। कब और क्यों बच्चा पैदा करें। उनकी अलग समस्या है। परंतु आज तो हम इस पर विचार करने बैठे हैं कि बच्चा पैदा करने के उपरांत माँ-बाप दिन-रात झगड़ते रहते हैं। मार-पिटाई की हद तक भी पहुँचते हैं और अंत में तलाक लेने की कोशिश करते हैं। तलाक भी उन्हें शीघ्र नहीं मिलता। कई बार तो तलाक की रस्सी पर बच्चे ही खींचे जाते हैं। माँ और बाप दोनों अपनी ओर खींचते हैं। कभी-कभी कोर्ट की ओर से सलाह दी जाती है कि बच्चा माँ या बाप किसी एक पक्ष के साथ रहेगा, परंतु दूसरे पक्ष से मिलने भी जाया करेगा। न्यायालय बच्चे की परवरिश के लिए किसी एक को ही उपयुक्त और योग्य समझकर बच्चा उसे सौंपता है।

परंतु पति-पत्नी के बीच हलकी सी भी दरार पड़ी हो, बच्चे का दिल और दिमाग ही दरकता है। शीशे सदृश्य उसका दिल टूट जाता है। उसे तो दोनों ही चाहिए। यह सच है कि प्रकृति ने संतानोत्पत्ति के लिए स्त्री और पुरुष का मिलना आवश्यक बनाया है। संस्कृति ने बच्चों के लालन-पालन के लिए भी माँ-बाप का होना आवश्यक बताया है।

दोनों मिलकर ही बच्चे की जरूरतों (शारीरिक, मानसिक) को पूरा करते हैं। उनका अलग हो जाना या संग-साथ रहकर भी प्रेमपूर्वक नहीं रहने पर बच्चों का व्यक्तित्व और विकास प्रभावित होता है। बच्चे सुख-शांति चाहते हैं। यदि उन्हें झगड़े का परिवेश मिलता है तो वे झगड़ालू और विक्षिप्त व्यक्तित्व के हो जाते हैं।

हाल ही में दिल्ली हाईकोर्ट ने कहा है, "विवादों के निपटारे के लिए पति-पत्नी तो अदालत पहुँच जाते हैं, पर इस पूरे प्रकरण में बच्चे का बचपन छिन जाता है।"

न्यायमूर्ति कैलाश गंभीर ने अपने फैसले में कहा, "बच्चे बुरी तरह से त्रस्त होते हैं। वे न सिर्फ अभिभावकों में से किसी एक के प्यार, देखभाल और स्नेह से वंचित हो जाते हैं, बल्कि दोनों पक्षों के बीच बच्चे के नियंत्रण और संरक्षण को लेकर बँट जाते हैं। नतीजा चाहे किसी के भी पक्ष में हो, इन मामलों में बच्चा अपने आपको गुनहगार पाता है। वास्तविकता तो यह है कि बच्चा नियंत्रण और संरक्षण की इस बेतुकी दौड़ का व्यावहारिक तौर पर निशाना भी बन जाता है।" अभिभावक के बीच मतभेद के कारण बच्चों के बदलते व्यवहार पर चिंता जताते हुए उन्होंने कहा कि ऐसे बच्चों में चिड़चिड़ापन बढ़ना स्वाभाविक है। तलाक को लेकर परिवार में माँ-बाप के झगड़े को देखकर कई बार बच्चे के मन पर रिश्तों को लेकर भी गलत धारणा बन जाती है। समझदार बच्चों का तो पारिवारिक रिश्तों से विश्वास ही उठ जाता है। परिवार में झगड़ों को देख नकारात्मक भाव भी बच्चे में पनपने लगते हैं। उन्होंने कहा, "वैवाहिक कलह कई बार उस स्थिति पर पहुँच जाती है, जहाँ अभिभावक उनके बच्चों की मनोवैज्ञानिक, मानसिक और शारीरिक स्थिति पर पड़नेवाले प्रभाव के प्रति भी लापरवाह हो जाते हैं, जो बच्चे के लिए हितकर नहीं है।"

परिवार, समाज और न्यायालय का कार्य है कि पति-पत्नी को सही दिशा दिखाए, इसलिए न्यायालय से मानवोन्मुख होने की अपेक्षा रहती है। न्यायालय इस पर खड़े उतरते भी है। परंतु इन दिनों नए और प्रौढ़ दंपतियों में भी टकराव दिखता है। 'हम, तुमसे कम नहीं' का भाव रहता है। सच्चाई तो यह है कि दंपतियों के बीच बड़े-छोटे, बुद्धिमान और बुद्धिहीन की प्रतिद्वंद्विता होनी ही नहीं चाहिए। यदि पति अधिक चतुर-सयाना है तो पत्नी को ही लाभ होता है। पत्नी अधिक व्यवहार-कुशला है तो घर में सुख-शांति आती है। घर तो दोनों का है। रिश्ते-नाते सब दोनों के हैं। इसलिए प्रतिद्वंद्विता क्यों? पूरकता क्यों नहीं! पर इन्हें कौन समझाए। मानो प्रतियोगिताओं में भाग लेते-लेते घर को भी प्रतियोगिता स्थल ही मान लिया। विवाद से लेकर संबंध-विच्छेद तक की नौबत आ जाती है। बच्चा परेशान होता है।

एक बार की बात है। मेरी बिटिया मीनाक्षी पाँच वर्ष की थी। हम दोनों किसी बात पर वाद-विवाद में उलझ गए। मेरी बिटिया ने कहा, "आप दोनों क्यों लड़ रहे

हैं?" और तत्काल हमने विवाद बंद कर दिया। अपने व्यवहार से बच्चे पर बुरा प्रभाव पड़ने की चिंता हमेशा रहती थी। सच बात तो यह है कि बच्चे के जन्म के बाद 'अपने लिए जीने' की धारणा को अपनाने से विकृतियाँ उत्पन्न होती हैं। बच्चों के लिए जीने के संकल्प लेने से पति-पत्नी के बीच की गलतफहमियाँ और विवाद भी दब जाता है या दबा लिया जाता है। क्योंकि जीना तो बच्चों के लिए है। और दोनों का साथ रहना ही बच्चों के लिए जीना है।

न्यायमूर्ति और परामर्शदात्रीगण इन बातों की ओर ध्यान दिलाते ही रहते हैं। आवश्यक है युवक-युवतियों के पाठ्यक्रम में भी इन बातों को जोड़ना, उदाहरण देकर समझाना, प्रेम में पगे दांपत्य और विवादों से घिरे दांपत्य के बच्चों के व्यक्तित्व विकास का तुलनात्मक अध्ययन कर उनके सामने वस्तुस्थिति प्रस्तुत करना।

परिवार, पाठशाला, महाविद्यालयों से लेकर परिवार परामर्श केंद्रों पर इस महत्त्वपूर्ण विषय पर ध्यान दिलाना आवश्यक है। वरना दांपत्य के बिखरने से अनेक समस्याएँ खड़ी होती ही हैं, बच्चे तो समस्याग्रस्त जाते हैं।

◻

क्यों पीटता है पति, पत्नी को

घरों में पति द्वारा पत्नी की पिटाई आम बात होती जा रही है। यों तो अनपढ़ और अज्ञान पतियों द्वारा पत्नियों की पिटाई की बात शायद उतनी ही पुरानी है, जितना पुराना यह दांपत्य जीवन है। वे खुलेआम भी पत्नी की पिटाई करते थे। वैसे पतियों की समाज द्वारा भर्त्सना होती थी। परिवार या समाज के लोग बीच-बचाव करते थे। ऐसी पत्नियाँ पतियों को छोड़ भी जाती थीं। ज्यादातर बरदाश्त करती थीं। मध्यवर्ग में पत्नी की पिटाई को अशोभनीय माना जाता रहा है, इसलिए किसी घर में पत्नी पीटी भी जाती थी तो वह या तो घरवालों को बताती नहीं थी या घरवालों को मालूम हो जाए तो वे उसे घर का मामला समझकर सुलझाते और समाज से छुपाते थे।

आज अपने समाज में पढ़े-लिखे पति-पत्नियों की संख्या बढ़ी है। पच्चीस वर्ष पूर्व अपने शहर से दिल्ली आने पर मेरे लिए यह जानकारी चौंकाने वाली थी कि पढ़े-लिखे और अच्छी आमदनी करनेवाले घरों में भी पढ़ी-लिखी कामकाजी पत्नियाँ पतियों से पिटाई खाती हैं।

आखिर क्यों? यह निश्चित है कि जब आदमी बहुत तनाव में रहता है, तभी उसके गुस्से का स्तर तीव्रतम होता है और वह अपनी पत्नी पर भी हाथ उठा देता है। तनाव का प्रमुख कारण अभाव ही होता है। परंतु सवाल यह उठता है कि सुख-समृद्धि से भरे घरों में भी ऐसा व्यवहार क्यों होता है?

आज के एकल परिवारों के परिस्थितियों की विवेचना से पति-पत्नी के बीच होने वाले झगड़ों के कुछ कारण सामने उभरकर आए। पहला कारण तो है कि इन घरों में पति-पत्नी ही हैं। उनके माँ-बाप या भाई-बहन नहीं। ऐसी स्थिति में पति या पत्नी भी निरंकुश हो जा रहे हैं। उन दोनों का बीच-बचाव करनेवाला भी कोई नहीं। दूसरी बात है कि बड़ों के घर में रहने पर थोड़ी सी हया-शर्म तो होती ही है।

गुस्सा आने पर भी हाथ नहीं उठता या गुस्सा में उठा हुआ हाथ भी उनकी उपस्थिति के अहसास से थम जाता है। आज एक-दो कमरे के फ्लैटों में रहनेवाले परिवारों में एक और मुश्किल है। एक हाथ की दूरी पर रहते हैं पति-पत्नी, इसलिए गुस्सा में उठा हुआ हाथ पत्नी की पीठ पर ही गिरता है।

यह तो परिस्थितिजन्य कारण हुए। सच तो यह है कि पति द्वारा पत्नी पर हाथ उठाया जाना किसी भी प्रकार से क्षम्य नहीं है। ऐसा नहीं कि पत्नी की पिटाई करनेवाला पति पछताता नहीं होगा, पर उसका पछताना ही काफी नहीं है। सच तो यह है कि पत्नी को चोट लगे या न लगे, किंतु उसकी मानहानि जरूर होती है। पति से पिटाई खाने पर उसका मन टूटता है, इसलिए आवश्यक यह है कि पति द्वारा पत्नी के पीटे जाने की नौबत ही नहीं आए।

आपसी बाता-बाती में एक पक्ष द्वारा अपनी बात लौटा लेने में कोई हर्ज नहीं होना चाहिए। आखिर दोनों घर की भलाई ही तो चाहते हैं। कभी-कभी बच्चों की पढ़ाई-लिखाई जैसे घरेलू मामलों पर भी दोनों के बीच विवाद खड़ा हो जाता है। इतनी तनातनी होती है कि दोनों में से कोई एक भी अपनी जिद छोड़ने को तैयार नहीं होते। यदि उद्देश्य बच्चे की पढ़ाई है तो किसी-न-किसी को तो झुकना ही पड़ेगा।

एक और कारण है—पत्नी का अधिक व्यावहारिक होना। साधारणत: यह देखा जाता है कि पत्नियाँ ज्यादा व्यावहारिक होती हैं। घर का काम भी अधिक करती हैं। ऐसी स्थिति में अपने क्षेत्र का विशेषज्ञ व्यक्ति भी पत्नी के आगे हार जाता है। हार स्वीकार करना पुरुष की प्रकृति में नहीं है। वह भी पत्नी से हारता। वह अपनी हार मानने की जगह हाथ उठा लेता है। यह उसकी कमजोरी है। दरअसल जिस व्यक्ति में अधिक आत्मिक शक्ति होती है, वह अपने क्रोध पर विजय प्राप्त करता है। शक्तिहीन व्यक्ति ही हाथ उठाता है। इसलिए आवश्यकता संस्कार की है। प्रशिक्षण की। सबसे बड़ी आवश्यकता है व्यक्ति द्वारा अपनी भूल का एहसास होना। यदि किसी पति को यह महसूस होता है कि उसने अपनी पत्नी पर हाथ उठाकर बुरा किया, फिर तो यह पश्चात्ताप उसे अपने गुस्से पर नियंत्रण करने की सीख लेने को बाध्य करता है। वह दूसरों के सुझाव भी स्वीकार करता है। उसे समझाना-बुझाना चाहिए कि पत्नी के साथ रहते हुए उसका ऐसा व्यवहार अक्षम्य है, पर कुछ लोग ही समझ पाते हैं।

आज सब लोग अपने को अधिक बुद्धिमान समझने लगे हैं। अपने घरेलू मामलों में किसी का हस्तक्षेप भी उन्हें स्वीकार नहीं। पत्नी की पिटाई जैसा मामला

भी उनका निजी मामला समझा जाता है। समाज का भय तो समाप्त ही है। शहरों में कोई समाज है ही नहीं। यह गलत है। इसलिए मीडिया द्वारा भी पतियों का प्रशिक्षण होना आवश्यक है। दरअसल विवाह के बाद दोनों को एक-दूसरे का सम्मान करना चाहिए। थोड़ी सी दूरी रखनी चाहिए। दोनों का स्वाभिमान कायम रहे, पर टकराए नहीं, यह देखना चाहिए। कभी-कभी बुजुर्गों, संस्थाओं (परिवार परामर्श केंद्र) के परामर्शदाताओं से सुझाव लेते रहना चाहिए। आपस में मामला अधिक तनावपूर्ण हो जाए तो दोनों को थोड़ी देर के लिए अलग हो जाना चाहिए। अपने हित-मित्रों से अपनी समस्या खुलकर बतानी चाहिए। इसमें कोई शर्म नहीं। शर्म तो तब आनी चाहिए, जब कोई पति अपनी पत्नी पर हाथ उठाता है। घरेलू हिंसा रोकने के लिए कानून बनाया गया है। यह सच है कि घर कानून के डंडे से नहीं चल सकता, परंतु पति से पिटाई खाकर भी घरनी नहीं चल सकती। इसलिए आवश्यक है, इस घृणित व्यवहार को छुड़ाने का प्रचार-प्रसार हो। दूरदर्शन पर इतने प्रकार के विज्ञापन आते हैं। एक भी ऐसा विज्ञापन नहीं, जो पति का हाथ रोक सके। आखिर क्यों? क्योंकि विभिन्न चैनलों का काम पतियों द्वारा पिटी पत्नियों की दुःखद स्थितियों को दिखाना है। उन्हें उन स्थितियों से उबारना नहीं।

शहरों के रेल-पेल में पुरुषों का भी पारा चढ़ा होता है। घर लौटकर भी वह शांत नहीं होता। ऊपर से पत्नियों की शिकायत। संस्कार के अभाव में ऐसे पुरुषों के हाथ उठते हैं, जो अशोभनीय व्यवहार है।

◻

पतियों को पंगु बनाती पत्नियाँ

पति-पत्नी के बीच परस्पर निर्भरता होती है। होनी चाहिए। दोनों के बीच काम का भी बँटवारा है, इसलिए एक-दूसरे के कामों से वे एक-दूसरे पर निर्भर हैं। आज महिलाओं को आत्मनिर्भर बनाने की बात जोरों से की जा रही है।

यह कोशिश की जा रही है कि एकल परिवारों में घर के कामों में भी पतियों की भागीदारी हो। यहाँ तक कि प्रसव के समय भी पति की उपस्थिति हो। अर्थात् भोजन बनाने, बरतन साफ करने, बच्चों की देखरेख करने में पतियों का संग-साथ और सहयोग मिले, ताकि महिलाओं की भी दोहरी जिम्मेदारियों (घर और दफ्तर) का बोझ कम हो।

प्रयास सराहनीय है। बड़े शहरों और विदेशों में रह रहे एकल परिवार के दंपतियों के बीच आपसी सहयोग बढ़ा है, परंतु आज भी घर में रहनेवाली पढ़ी-लिखी और अनपढ़ पत्नियों की संख्या अधिक है। और बदली हुई पारिवारिक, सामाजिक परिस्थितियों में भी पत्नियाँ अपने पतियों को पंगु बना रही हैं। वे आत्मनिर्भर बन रही हैं। अपने ऊपर पति की निर्भरता का बोझ कम नहीं कर पातीं।

पिछले दिनों अपने शहर गई थी। मेरी बड़ी बहन की बड़ी बेटी कैंसर रोग की चपेट में थी। किसी भी दिन उसका दुनिया छोड़ जाने की बात सबको मालूम थी। पर दो-चार घंटे के ठहराव में मैंने देखा कि वह बिस्तर पर लेटे-लेटे पति के सभी सुख-सुविधा, रुचि-अरुचि और मनोभावों की चिंता कर रही थी। घर में उपस्थित सेवक और घर की महिलाओं को तदनुसार उसके पति की व्यवस्था करने के लिए आज्ञा दे रही थी। मैं देख-सुनकर कर दंग थी। सुबह की चाय से लेकर नाश्ता, भोजन, शूट का चयन पति उससे पूछकर ही कर रहा था। इतना ही नहीं, बाहर जाते समय भी उसकी अनुमति लेकर ही बाहर गया।

और एक सप्ताह पूर्व जब उसके निधन की सूचना मिली, मैं मृतात्मा के लिए

कम, उस दांपत्य का एक भाग जीवात्मा के लिए अधिक चिंतित हो गई। मेरे मुँह से निकला, "नवीन यतीम हो गया।"

कितनी निर्भरता थी उसकी अपनी पत्नी पर। साठ-बासठ वर्ष की आयु में पुनः आत्मनिर्भरता सीखना कोई आसान बात नहीं होती। भाव और सांसारिक भूमिका में पति की निर्भरता ही अधिक हो जाती है, इसलिए इस उम्र में एक-दूसरे के संग-साथ की विशेष जरूरत होती है। एक के जाने से दूसरा बहुत अकेला हो जाता है। यहाँ भी एक गलत सामाजिक धारणा फैली है। हम समझते हैं कि पत्नी को पति की अधिक जरूरत है। सच तो यह है कि 60-70 की उम्र में आते-आते वे एक-दूसरे पर इतना निर्भर हो जाते हैं कि एक के बिना दूसरे (कोई भी भाग) का जीना दूभर होता है, परंतु पुरुष अधिक अकेला हो जाता है, क्योंकि दैनंदिनी के लिए पत्नी पर उसकी निर्भरता अधिक होती है।

मनुस्मृति में स्त्री की तीनों अवस्थाएँ पुरुष पर आश्रित होना बताया है, परंतु व्यावहारिक जीवन में दृश्य उलटा है। पुरुष पच्चीस वर्षों तक माँ, पचास वर्षों तक पत्नी और उसके बाद अपनी पुत्री या पुत्रवधू पर आश्रित हो जाता है। भावानात्मक स्तर से लेकर अपने कामकाज के लिए भी पुरुष विभिन्न रिश्तों की स्त्रियों पर अधिक आश्रित होता है, इसलिए पंगु बन जाता है।

लड़कों को अपने काम के लिए आत्मनिर्भर बनने तथा महिलाओं, विशेषकर पत्नियों के काम में सहयोग देने के लिए प्रशिक्षित करने का मुद्दा उठता रहा है। इसकी थोड़ी-बहुत व्यवस्था (पश्चिमी पैटर्न पर) भी हो रही है। परंतु वही ढाक के तीन पात। आज भी देखने-सुनने में यही मिलता है कि पत्नियाँ अपने पतियों को पंगु बनाती हैं। अपने समाज में सुहागन स्त्री का ही धरती से विदा होना शुभ माना जाता है। परंतु कई वरिष्ठ महिलाओं को मैंने सुना है, "नहीं! मैं इनसे पहले नहीं मरना चाहती। मेरे बाद इन्हें कौन देखेगा?"

अपने पतियों के सुख-दुःख का ध्यान रखती महिलाएँ अपनी बेटी-बहुओं पर भी विशेष विश्वास नहीं करतीं। इसलिए जहाँ कहीं भी बच्चों के साथ दोनों रहते हैं, दोनों एक-दूसरे का विशेष ध्यान रखते हुए देखे जाते हैं।

महिलाएँ रो-धोकर भी अपने अकेलेपन की व्यथा पर पार पा लेती हैं। पुरुष ऐसा नहीं कर पाता। संयुक्त परिवारों में ऐसे विधुरों की भी सेवा हो जाती थी। एकल परिवार का पुरुष तो अकेला ही होगा, पंगु।

ज्यादातर पत्नियाँ अपने घरेलू कामकाज में पति की दखलअंदाजी नहीं

चाहतीं। वे गृहकाज अपने ढंग से निबटाती हैं। घर-आँगन ही उनका साम्राज्य होता है। उस कार्य में वे आत्मनिर्भर बनना चाहती हैं। बातों-बातों में पतियों द्वारा सहयोग न मिलने का रोना रोनेवाली पत्नियाँ भी गृहकाज में एकछत्र राज चाहती हैं। तात्पर्य यह कि उन्हें उन कामों में स्वयं निर्णय लेने का अभ्यास हो जाता है। करते-करते दक्ष भी हो जाएँगी। फिर तो दफ्तरों और दुकानों में 30-40 वर्ष काम कर अवकाश प्राप्त कर घर लौटा पति भी उनके लिए समस्या हो जाता है; क्योंकि वह घर के काम में भी दखल देने लगता है।

दरअसल प्रकृति और संस्कृति ने स्त्री-पुरुष को एक-दूसरे का पूरक बनाया है। दोनों की भागीदारी होनी चाहिए। दोनों के सुख-दु:ख का ध्यान दोनों रखें। परस्पर निर्भरता ठीक है। परनिर्भर किसी को नहीं बनना चाहिए। परस्पर निर्भरता के बावजूद दोनों का अपना अस्तित्व हो। यह बात दीगर है कि एक का वजूद दूसरे के लिए बोझ नहीं, सहवाहक हो। इसे ही सहअस्तित्व कहेंगे। पतियों को उनके कामकाज में आत्मनिर्भर बनाना पत्नियों का भी काम है। उन्हें सहयोग देना, उनकी चिंता करना जहाँ अभिनंदनीय है, वहीं उन्हें निर्भर (पत्नी निर्भर) बनाना भी उन्हें सजा देना ही है।

कानूनी डंडे

बहुत पुरानी कहावत है, 'मियाँ-बीबी का झगड़ा, बीच में पड़े वह लबड़ा।' अर्थात् समाज ने यह मान रखा है कि पति-पत्नी का झगड़ा उनका निजी मामला है, इसलिए पत्नी की पिटाई होने पर घर के लोग थोड़ा-बहुत बीच-बचाव भले ही करते रहे हैं, आस-पड़ोस को फटकने नहीं देते। बीच में पड़नेवालों को समाज में हेय नजर से देखा जाता रहा है। तभी तो वह 'लबड़ा' कहलाता है। अर्थात् वह व्यक्ति, जिसे जो नहीं करना चाहिए, वह करता है। यह सामाजिक मान्यता रही है। औरत के हित में हो या विरोध में। दूसरी ओर पतियों के हाथों पिटती महिलाओं में अधिकांश महिलाएँ पतियों को अपराधी नहीं मानतीं। ऐसी ही एक महिला के प्रति मैंने अपनी सहानुभूति जताई थी। उसने तपाक से कहा, "जो मारता-पीटता है, वही तो दुलार भी करता है न!"

मैं सन्न रह गई थी। तब मेरे मन में महिला पर पति का हाथ उठ जाना मतलब उसका पूर्ण सम्मान खंडित होना था। मैं सोचती थी, एक बार मार-पीट खाने पर दुबारा उसी पुरुष के साथ प्रेम-मुहब्बत की बात कैसे कर सकती है औरत! क्योंकि किसी पर हाथ उठा देने का अभिप्राय मात्र शारीरिक कष्ट पहुँचाना नहीं है, वरन् मानसिक प्रताड़ना है, उसे नीचा दिखाना भी है। हाथ उठ जाना मतलब संबंध की चूल हिल जाना है। यह महिला का अपमान है। जीवनसाथी के साथ ली गई प्रतिज्ञा भंग करता है, परंतु व्यावहारिक जगत् में बातें उलटी दिखीं। ऐसी हरकतें अकसर आर्थिक रूप से कमजोर वर्ग में देखी जाती थीं।

पच्चीस-तीस वर्ष पूर्व मुंबई की एक समाज-सेविका ने कहा, "पढ़ी-लिखी, पैसा कमाती महिलाएँ भी पतियों से पिटती हैं।" फिर तो मेरे आश्चर्य की सीमा नहीं रही। इन सज्ञान पतियों के हाथ पत्नी पर उठने के कारण ढूँढ़ने लगी। मनसा, वाचा, कर्मणा पत्नी पर प्रहार, घरेलू हिंसा की श्रेणी का अपराध माना गया है।

पिछले दशक में पतियों द्वारा पत्नी पर या घर के पुरुषों द्वारा अन्य नजदीकी महिला रिश्तेदारों पर मानसिक और शारीरिक प्रहार की संख्या इतनी बढ़ गई कि सरकार को सख्त कानून बनाने पड़े हैं। महिलाओं की सुरक्षा अधिनियम 2005 पर ढाक के तीन पात। घरेलू हिंसा रुक नहीं रही। पर कानून की शरण में बहुत कम महिलाएँ जाती हैं। दरअसल घरेलू हिंसा कानूनी डंडे से रोकी भी नहीं जा सकती। जितने घरों में पत्नियों के ऊपर पतियों के डंडे पड़ते हैं, कोर्ट-कचहरियों में इतने डंडे नहीं है। स्टाफ नहीं है। वकील नहीं है। न्यायाधीशों के जिम्मे और भी महत्त्वपूर्ण कार्य (उनकी भाषा में) हैं। मियाँ-बीबी के झगड़े में कोई क्यों पड़े!

अभिप्राय यह कि इस प्रकार के हिंसा में बढ़ोतरी के कारण ढूँढ़कर उनका निदान भी ढूँढ़ना होगा। एक बड़ा कारण है, महिलाओं का घर से बाहर जाना। चाहे वे अर्थार्जन के लिए जाएँ या मौज-मस्ती के लिए। भारतीय पुरुषों को आज भी यह पसंद नहीं। दूसरी बात है—महिला का व्यवहार-कुशल और बुद्धिमति होना। वाद-विवाद में भी हारता है। पुरुष मानसिकता इसे बरदाश्त नहीं करती। वह पत्नी से ताकतवर तो है ही, इसलिए अपनी शारीरिक शक्ति का प्रयोग करता है।

गुस्सा तो सभी पतियों को कभी-न-कभी आता है। पर समझदार और संस्कारी पति हाथ नहीं उठाता, ताने-बाने नहीं देता। उसे पता है कि पत्नी उसके घर की अनिवार्यता है। दोनों के बीच प्रेम भी स्थायी नहीं होता। आज घरों में बुजुर्गों का नहीं होना भी पतियों को उद्दंड बना रहा है। घर में बुजुर्गों के रहने पर थोड़ी हया-शर्म और भय भी होता है। इसलिए आज तमाम सामाजिक संस्थाओं, सरकारी एजेंसियों, इलेक्ट्रॉनिक मीडिया और संत-महात्माओं का काम है कि वे पति-पत्नियों में संस्कार डालें। एक-दूसरे की अनिवार्यता समझाएँ। अपने क्रोध पर काबू पाना सिखाएँ। समझदार पत्नी के फायदे गिनवाएँ, ताकि पतियों के अंदर चल रही पत्नी से प्रतिद्वंद्विता समाप्त हो। पत्नी के आगे हमेशा हार मानने की स्थिति समाप्त हो। घरेलू हिंसा रोकने के लिए कुछ ऐसे उपाय करने होंगे। मात्र कानूनी डंडे से पति का डंडा नहीं हारेगा।

□

पति-पत्नी के बीच न्यायाधीश

जीवन के हर क्षेत्र की स्थितियों में आज उलट-पुलट हो रहा है। कल तक घर और बाहर बेटियों (होनेवाली पत्नियों) को उपदेश और सलाह दी जाती थी कि उन्हें ससुरालवालों के अनुसार ही चलना सीखना चाहिए। उनका कहना मानना चाहिए। इस सीख के पीछे यही उद्देश्य था कि हर घर का अपना विशेष संस्कार होता है। नई सदस्य (बहू) को उस घर के अनुरूप ही अपने को ढालना उचित और उपयोगी रहता है। थोड़े दिनों बाद (बहू आने पर) फिर सास की ही (जो कभी नई बहू थी) चलनी चाहिए। यहाँ सास का अभिप्राय था—ससुराल परिवार का संस्कार।

पर समय के साथ बहुत बदल गया समाज में। परिवारों में भी तेजी से उलट-फेर हो रहा है। एकल परिवार में पति, पत्नी और उनके एक या बहुत हो गए तो दो बच्चे हैं। दरअसल परिवार एकल हो या संयुक्त, समर्पण और सहयोग ही उसका आधार है। एक-दूसरे के प्रति समर्पण न हो, परिवार चलाने में दोनों की रजामंदी न हो तो परिवार कैसा? दोनों के द्वारा अर्थार्जन भी परिवार को सुखी बनाने के लिए है। उनमें से एक की सुख-सुविधा के लिए नहीं। सनातन हिंदू विवाह-संस्कार में अग्नि के सात फेरे लेने के उपरांत दूल्हे के साथ दुलहन अपने पति से सात वचन लेती है। पहला वचन (प्रतिज्ञा)—बिना किसी विशेष कारण के तुम बाहर न रात बिताओ न भोजन करो। दूसरा वचन—तेरे सुख-दु:ख, भाई-बंधु अब मेरे होंगे। मेरा पालनकर्ता बनकर तुम सब जरूरतें पूरी करना। तीसरा वचन—तुम्हारी शक्ति लेकर मैं अपनी शक्ति बढ़ाऊँगी। चौथा—मैं तुम्हारी खातिर जिऊँगी। तुम मेरी चिंता करना। पाँचवाँ वचन—मैं रूठूँ, झगड़ूँ, तब भी तुम शांत रहना। बुरा मत मानना। छठा वचन—मेरे माता-पिता ने पाल-पोसकर कन्यादान किया है। उन्होंने कुछ दिया, न दिया, तुम कभी ताना मत देना। सातवाँ वचन—हवन, यज्ञ और सभी धार्मिक कार्यों में तुम्हारी

भागीदारी रहेगी, पर तुम्हारे पाप कार्यों में मेरी भागीदारी नहीं रहेगी। मैं अपना पुण्य तुम्हारे साथ नहीं बाँटूँगी।"

इन सातों वचनों का, जो वधू वर से लेती है, गहरा अर्थ है। इनका अर्थ समझकर ऐसा लगता है कि विवाह तो लड़की के लिए ही है, इसलिए लड़की के आँगन में ही विवाह-संस्कार संपन्न होता है। लड़का के घर तो लक्ष्मी तब आती है, जब लड़का उसकी शर्तें मान लेता है। यदि इस विवाह-संस्कार के अन्य रस्मों का भी अर्थ समझा जाए तो पिछले दिनों सुप्रीम कोर्ट के न्यायाधीशों के खंडपीठ में न्यायाधीश काटजू द्वारा दिए गए टिप्पणी पर आश्चर्य नहीं होता। पंजाब और हरियाणा के हाईकोर्ट के दांपत्य में अलगाव के फैसले को चुनौती देनेवाली पत्नी की याचिका पर सुनवाई के दौरान जजों ने टिप्पणी दी, "आप अगर अपने बीवी के जुल्म बरदाश्त कर लें तो आप दुनिया पर राज करेंगे। बीवी की बात नहीं मानेंगे तो कोई भी आपकी मदद नहीं कर सकेगा।" (समाचार-पत्र में प्रकाशित)

समाचार-पत्रों में पति-पत्नी के झगड़े के निपटारे में न्यायालय द्वारा की गई टिप्पणी चौंकानेवाली नहीं है। मात्र भाषा और भाव का अंतर है। सनातन हिंदू विवाह-संस्कार में वधू पति के वाम भाग में बैठने से पूर्व सात वचन लेती है। पति के द्वारा एक-एक वचन लेने के बाद ही वह वाम भाग में बैठने के लिए तैयार होती है। दूसरे संप्रदायों की विवाह पद्धतियों में भी कमोवेश यही प्रतिज्ञाएँ होती हैं। अर्थात् घर में पत्नी की चलेगी। घर उसका होता है। गृहिणी, गृहं उच्यते। घर, घरनी से ही होता है। परंतु इसका अर्थ यह नहीं कि वह घर चलाने में निरंकुश हो जाए। केवल अपनी चलाए। उस घर में पति, बच्चों या ससुरालवाले का जीना हराम कर दे। फिर तो विवाह का संस्कार ही बिगड़ गया। आधार समाप्त हो गया।

न्यायाधीश काटजूजी ने कहा, "जो बीवी कहे वही करो, हम सभी भुक्तभोगी हैं।" (एक समाचार-पत्र के अनुसार) यह टिप्पणी मजाक में नहीं कही गई है। न्यायालय का कार्य ऐसे महत्त्वपूर्ण मामलों से मजाक करना है भी नहीं। बातों को समझाने के लिए भिन्न-भिन्न लहजे में बात कही जाती है। समाचार-पत्रों में इस टिप्पणी को तूल देकर छापा गया है। यह भी अच्छी बात है, क्योंकि समय-समय पर मामलों के फैसलों के द्वारा समाज को जीवन-मूल्यों को स्मरण दिलाना भी न्यायालय का काम है।

सच्चाई तो यह है कि आज भी घर महिला से चलता है, परंतु महिला के अंदर विशेष बुद्धि और ताकत चाहिए, परिवार के लिए समर्पण चाहिए। मेरे एक भाई

विवाह के एक दशक बाद तक अपनी पत्नी की कोई बात नहीं मानते थे। एक साथ रहकर भी बातचीत नहीं करते थे, परंतु मेरी भाभी ने कोई बगावत नहीं की। घर का दायित्व निभाती रही। आज ऐसी स्थिति हो गई है कि पिछले पंद्रह वर्षों से दोनों एक पल के लिए अलग नहीं होते। भाभी की ही चलती है। भैया को विश्वास हो गया है कि भाभी का निर्णय ही ठीक होता है।

जज साहब की मानें या विवाह-संस्कार की, घर की मानें या समाज की, सत्य यही है कि घरवाली की बात माननी चाहिए, पर अपनी इस स्थिति के लिए घरवाली को घर के लिए समर्पित होना भी अनिवार्य है। यानी कर्तव्य की लागत लगाकर अधिकार अर्जित करना। यह संबंध तो ऐसा है, जिसमें तीसरे का हस्तक्षेप हास्यास्पद हो जाता है। कहावत है, 'पति-पत्नी का झगड़ा, बीच में पड़े वह लबड़ा।' पर तब जब दोनों के बीच विश्वास कायम हो।

□

पति-पत्नी :
एक-दूसरे का सम्मान करें

पिछले दिनों एक मामले में अदालत ने एक पति की जमानत याचिका खारिज करते हुए कहा कि हमारे समाज में पति अपनी पत्नी का सम्मान करने के लिए बाध्य है। न्यायाधीश द्वारा पति को यह भी कहा गया कि शादी के बंधन की इज्जत कीजिए।

खबर पढ़कर एक पचास वर्ष पूर्व का प्रसंग मेरी स्मृति से मन पर तैर गया। मेरी नई-नई शादी हुई थी। एक सप्ताह बाद ही मेरे पति कलकत्ता चले गए। वे कलकत्ता में अंग्रेजी के व्याख्याता थे। मैं कॉलेज हॉस्टल में पढ़ती थी। वे मुझे हॉस्टल से ले आए। एक अपने संबंधी के पास मिलाने ले गए। उम्र में तो दो ही वर्ष बड़े थे, पर वे रिश्ते में इनके नाना लगते थे। वे सपरिवार बड़े प्रफुल्लित हुए। बातों-बातों में इन्होंने मुझे 'तुम' कहा। कई बार मुझे तुम कहने पर उन्होंने डाँटा, "क्या बोले तुम। पत्नी को तुम कहते हो? सारा संस्कार भूल गए। हमारे बाप-दादों ने कभी पत्नी को तुम नहीं कहा।"

तब से लेकर आज तक उनकी जिह्वा पर मेरे लिए 'आप' संबोधन ही उच्चरित हुआ है। मैं तो 'आप' कहती ही हूँ। कुछ लोग कह सकते हैं कि आप और तुम में क्या रखा है। आपसी संबंध अच्छा होना चाहिए। यह भी ठीक है, पर संबोधन में भी बहुत कुछ रखा है। 'तुम' तुम है, 'आप' आप। यह नहीं कहा जा सकता कि 'पत्नी' को आप कहनेवाले ही पत्नी का सम्मान करते हैं। दोनों सर्वनामों में फर्क तो है ही। नहीं तो क्यों बनते दो सर्वनाम।

जहाँ तक पत्नी को सम्मान मिलने का समाज स्वीकृत व्यवहार है, सुनने

में कुछ अटपटा ही लगता है। मान्यता और व्यवहार है कि पत्नी पति से छोटी (उम्र और ओहदे में) होती है, इसलिए सम्मान तो पति को ही मिलेगा। अर्थात् किसी-न-किसी प्रकार से बड़ा व्यक्ति ही सम्मान का हकदार होता है। पति-पत्नी के बीच बराबरी का स्तर भी स्वीकृत नहीं है। सच बात तो यह है कि दोनों एक-दूसरे के सम्मान के हकदार हैं। बराबरी के दंगल में उन्हें नहीं उतारा जा सकता। वे बराबर होते हुए भी एक-दूसरे के लिए सम्मानित होते हैं। आपस में यह प्रथम स्थान उनकी एक-दूसरे की जरूरत बनती है। पति-पत्नी के बीच 'को बड़ छोट कहत अपराधू' वाली कहावत लागू होती है। बड़ा-छोटा का सवाल नहीं है। जवाब है कि वे एक-दूसरे की अनिवार्यता होने के कारण एक ही नजर में दूसरा बड़ा हो जाता है। इसलिए एक-दूसरे का सम्मान करते आए हैं। एक-दूसरे की सभी बातें नहीं मानते। अपनी बात मनवाने के लिए खींच-तान भी होती है। नोक-झोंक भी, पर बड़ा तो बड़ा है। वह व्यक्ति या वस्तु, जिसके बिना अपना जीना ही मुश्किल हो, वह तो मूल्यवान होगा ही। पति-पत्नी एक-दूसरे के लिए मूल्यवान हैं, इसलिए सम्मान के ही हकदार हैं। जिन घरों में पति-पत्नी एक-दूसरे का सम्मान करते हैं, उन्हें परिवार के अन्य सदस्यों और समाज का भी सम्मान मिलता है। उनके जानने-पहचानने वाले भी उन्हें सम्मान की नजर से ही देखते हैं। कहावत है न, 'घर दही तो बाहर दही।' दरअसल सम्मान शब्द का दायरा बहुत बड़ा है। हम बच्चों का भी सम्मान करते हैं।

न्यायाधीश ने पति को कहा है कि उसे पत्नी का सम्मान करना चाहिए। इस कथन के पीछे भारतीय संस्कृति में स्त्री के सम्माननीय स्थान का प्रभाव है। यह सम्माननीय स्थान भी उसके प्राकृतिक और संस्कारित पारिवारिक दायित्वों के कारण मिलता है। वही व्यक्ति मूल्यवान और सम्मानित होगा, जिसके बिना परिवार और समाज का काम नहीं चलेगा। जिसकी भूमिका आवश्यक मानी जाएगी। यह सच है कि स्त्री के बिना पुरुष को उसके ही घर में सम्मान नहीं मिलता। जब तक वह कुँआरा रहता है, तब तक उसके अपने ही घर में अलग कमरा नहीं (अधिकांश) मिलता। माता-पिता उसे डाँटते ही रहते हैं। विवाह निश्चित होने पर अपने आर्थिक स्थिति के अनुसार वर-वधू के लिए नया कमरा फ्लैट या कोठी तैयार की जाती है। बेटी अपने मायके में भी सम्मानित होती है। ससुराल जाकर पति को सम्मान दिलाती है। माता-पिता अपने बेटे को डाँटना छोड़ देते हैं। बहू के सामने बेटे को कैसे डांटे। फिर तो वह भी पति को वह व्यवहार नहीं देगी,

जिसका वह हकदार है। पति-पत्नी के बीच सम्मानजनक व्यवहार से जहाँ घर में सुख-शांति रहती है वहीं बच्चे भी सुखी और सुसंस्कृत बनते हैं। बच्चों को अपने माता-पिता के बीच सौहार्दपूर्ण स्थिति ही सुकून देती है। वहीं यदि माता-पिता आपस में झगड़ते, गाली देते और बच्चों के सामने एक-दूसरे की शिकायत करते हैं तो बच्चे बिफरने लगते हैं। उनके मानस का भी स्वस्थ विकास नहीं होता।

दरअसल किसी व्यक्ति द्वारा दूसरे का सम्मान करने की स्थिति में उसकी सुरक्षा और सुख-दुःख का खयाल भी आ जाता है। सम्मान मानस की एक बड़ी छतरी है, जिसके तले सकारात्मक व्यवहार ही होते हैं। एक-दूसरे की सुख-सुविधा की व्यवस्था, उसकी सुरक्षा और सुकून देने के व्यवहारों का ही आपसी आदान-प्रदान होते हैं। ऐसा बहुत सोच-समझकर नहीं होता। मन में सम्मान का भाव है तो उसके अनुकूल सहज व्यवहार होते रहते हैं। सम्मानजनक स्थितियाँ ही पैदा लेती हैं।

एक लोककथा के अनुसार एक पत्नी अपने पति का बहुत आदर/मान करती थी। प्रेम से भोजन कराती, मधुर बोलती और उसके पाँव पखारती, पाँव दबाती। वह पतिव्रता कहलाती थी। गाँववालों की मान्यता थी कि वह जो बोल दे, वह पूरा हो जाए। उसी के पड़ोस में एक महिला रहती थी। दिन-रात पति से झगड़ती, उसे गालियाँ देती। एक दिन वह पतिव्रता महिला के घर आग माँगने गई। वह महिला ओखल में धान कूट रही थी। उसने ओखल को हवा में छोड़ दिया और आग देने चली गई। दिन-रात पति का अपमान करनेवाली महिला को बड़ा आश्चर्य हुआ। उसने भी पतिव्रता बनने के गुण सीखे। पति को भोजन कराती, पैर दबाती, पाँव पखारती, पर मन-ही-मन गाली देकर ही। दो-चार दिनों तक ही ऐसा करने पर उसने भी ओखल में धान रखकर मूसल हवा में उछाल दिया। मूसल उसके हाथ पर ही गिरा। हथेली कट गई। वह चिल्ला-चिल्लाकर पति को गालियाँ देने लगी, 'इसी अभागे के कारण यह मेरी गति हुई। मैं पतिव्रता बनने चली थी, यह नालायक है ही नहीं मेरे लायक' आदि-आदि।

देखने-सुननेवाले सोच रहे थे, 'पतिव्रता या पत्नीव्रता भी एक भाव है। बिना भाव के व्यवहार प्रभावशाली नहीं होता।'

घर आए मेहमान भी दांपत्य में प्रवहमान सम्मान भाव से प्रभावित होते हैं। उन्हीं घरों में जाना चाहते हैं। कोई-कोई पति तो अपने घर-गृहस्थी के विकास, बाल-बच्चों के संस्कार और धन-संग्रह का श्रेय भी अपनी पत्नियों को ही देते

हैं। कुछ पत्नियाँ भी ऐसा ही करती हैं। दोनों के मन में एक-दूसरे के लिए सम्माजनक भाव उत्पन्न होते हैं। उनके व्यवहारों को सकारात्मक और परिवेश को सुखद बनाते हैं। दोनों में शिकवे-शिकायत तो रहते ही हैं। रहने चाहिए, पर सम्मान में कमी नहीं आनी चाहिए।

□

पत्नी-सम्मान का भी प्रतीक है दशहरा

आश्विन मास की शुक्ल दशमी को दशहरा पर्व मनाया जाता है। देश के अलग-अलग भाग में उसके मनाने के तरीके भी अलग हैं, परंतु पर्व के पीछे भाव एक है। रामकथा के अनुसार इसी तिथि को राम ने रावण का वध किया था। देव, दानव और मानवों ने मिलकर खुशियाँ मनाई थीं। कथानुसार रावण अजेय था। उसे मारना आसान नहीं था। राम ने रावण का वध कर तीनों लोकों में कीर्तिमान स्थापित किया। सदियाँ बीत गईं। दशहरा पर्व को हम बुराई पर अच्छाई की विजय के रूप में मनाते हैं। सर्वगुणसंपन्न रावण में अपनी विद्वत्ता, धन, वैभव और शक्ति के प्रति अहंकार भाव आ गया था। उसने वनवासी राम की पत्नी सीता का अपहरण किया। सीता से बार-बार वनवासी राम को भूलकर स्वयं को अपनाने का आग्रह करता रहा।

इधर राम ने वनवासियों रीछ, भालू और वानर जाति की सहायता से समुद्र पर पुल बनाया। लड़ाई के मैदान में अस्त्र, शस्त्र और सैन्यशक्ति में नगण्य होकर भी डटे रहे। दशहरे के दिन रावण मारा गया। सत्य की असत्य पर, धर्म की अधर्म पर, बल पर युक्ति की जीत का प्रतीक है यह पर्व।

परंतु इन बहुप्रचारित प्रतीकों से भी अधिक एक पति द्वारा पत्नी को ससम्मान बलशाली अपहरणकर्ता से छुड़ाकर वापस लाने की भी कथा है, अर्थात् पत्नी, सम्मान का प्रतीक। तुलसीदासजी ने रामचरितमानस में सीताहरण के उपरांत सीता के वियोग में राम को विलाप करते हुए दरशाया है। कई बार यह प्रसंग पढ़ते हुए आश्चर्य भी होता है। तुलसीदासजी ने राम को विष्णु का अवतार बताया है। वे भगवान् हैं, सर्वज्ञानी हैं, बलशाली हैं। फिर पत्नी के लिए विलाप करते दिखाना कहाँ तक उचित है ? यदि हम रामायण कथा को भी पारिवारिक जीवन, विशेषकर

पति-पत्नी के बीच परस्पर प्रेम और विश्वास स्थापना के लिए रचित साहित्य के रूप में देखें तो आश्चर्य नहीं होगा। माता-पिता की आज्ञा से राम का राज्य मोह छोड़कर वन को जाना, भरत द्वारा भाई की खड़ाऊँ रखकर एक तपस्वी के रूप में राज सँभालना, लक्ष्मण द्वारा अपनी पत्नी को अयोध्या छोड़कर भाई-भाभी की सेवा में चौदह वर्षों के लिए वन जाना, पारिवारिक मूल्यों को दरशाता है। परंतु इन सब संबंधों से ऊपर पति-पत्नी के बीच के प्रेम और परस्पर सम्मान को दरशाती है यह कथा। इस कथा का रावण वध प्रसंग तो इसी तथ्य को उजागर कर मन में पति-पत्नी के प्रति उदात्त भाव जाग्रत् करता है। एक-दूसरे के प्रति निष्ठा दरशाने और निभाने में दोनों एक-दूसरे से बढ़कर हैं।

कथा के अनुसार रावण, सीता का अपनाने के लिए भाँति-भाँति का प्रलोभन देता है। निश्चय ही धन-वैभव, शक्ति में वह उस समय वनवासी राम से अधिक दिखता है, पर अपने पति की शक्ति में अटूट विश्वास करनेवाली सीता, रावण की ओर आँखें उठाकर भी नहीं देखती। उन्हें विश्वास है अपने पति के हृदय में अपने प्रति प्रेम में और उनका विश्वास सत्य में प्रगट होता है।

दूसरी ओर राम का प्रेम उनके साहस और हिम्मत में प्रगट होता है, वे कठिनतम कार्य पूरा करते हैं। रावण का वध करते हैं। भारतीय जनमानस में यह कथा रची-बसी है। पति-पत्नी का एक-दूसरे के प्रति प्रेम और विश्वास भाव भारतीय संस्कृति में संचारित होती आई है। राम का एक पत्नीव्रती होना भी भारतीय संस्कृति का अंग रहा है।

आधुनिक काल में विवाह-संस्कार और परिवार संस्था से आस्था समाप्त हो रही है। छोटी-छोटी बातों पर विवाह-विच्छेद हो रहा है। वैवाहिक जीवन बिताते हुए भी पति-पत्नी के बीच एक-दूसरे के लिए जीने के भाव क्षीण हो रहे हैं। विपत्तियों में भी साथ रहने के भाव घट रहे हैं। एक-दूसरे के प्रति विश्वास नहीं, विवाहेतर संबंध बढ़ रहा है। ऐसी स्थिति में आवश्यक है अपने संस्कारयुक्त सनातन कथाओं की नई व्याख्याओं का प्रचार-प्रसार। अपने इतिहास पुराण में ऐसे अनेकों दांपत्य जीवनों की कथाएँ हैं, जिन्हें आज भी आदर्श बनाने की आवश्यकता है। अपनी बहू-बेटियों ही नहीं, बेटों को भी दशहरा के दिन रावण-वध प्रसंग को पति-पत्नी का एक-दूसरे के प्रति अटल विश्वास और प्रेम तथा विपदाओं में भी पति-पत्नी के बीच विश्वास बनाए रखने के रूप में कथा सुनानी चाहिए। यह विश्वास ही परस्पर सम्मान की नींव है। दांपत्य जीवन में पति-पत्नी एक-दूसरे से

भिन्न भी और अभिन्न भी है। इसलिए परस्पर सम्मान चाहिए। शक और संशय नहीं। चालाकी नहीं। एक-दूसरे को नीचा दिखाने का भाव नहीं।

इस दशहरा को हम पति-पत्नी के बीच अटूट विश्वास और प्रेम प्रतीक के रूप में भी स्मरण करेंगे।

□

पत्नीव्रत का साहस

हमारे समाज में प्रचलित इतिहास-पुराणों, किंवदंतियों, लोककथाओं में स्त्री-पुरुष के बीच प्रेम-प्रसंगों और प्रेम-कहानियों की कमी नहीं है। सभी प्रेम-कहानियाँ अलग-अलग रूप, रस, गंध लिये हुई हैं। पति-पत्नियों के बीच भी एक-दूसरे के लिए सत निभाने की अनेक कथाएँ हैं, परंतु विकास के किसी मोड़ पर यह गलत धारणा बन गई कि पत्नी ही सत निभाती है, इसलिए वही 'सती' कहलाती रही। 'सत' शब्द का विद्रूप रूप भी व्यवहार में आया। पति की चिता पर जल मरनेवाली महिलाओं को ही 'सती' कहा जाने लगा। मगर सती नारी तो वह है, जो जीवन में सत निभाती है, सन्मार्ग पर चलती है। 'सती' का कोई पुल्लिंग शब्द नहीं है, अर्थात् समाज ने पति होने के नाते उससे पत्नीपरायण होने की अपेक्षा नहीं की। यहाँ तक कि पत्नी के अनुसार कार्य करनेवाले पुरुषों का उपहास उड़ाया गया। 'जोरू का गुलाम' आदि विशेषण गढ़े गए।

सच तो यह है कि पति-पत्नी एक-दूसरे के पूरक हैं। पत्नी यदि बीमार पति की सेवा करती है, तो पति से भी यह अपेक्षा की जाती है कि वह भी बीमार पत्नी की सेवा करे। ऐसा जीवन व्यवहार में देखा भी जाता है, परंतु समाज के मानस में यही धारणा घर कर गई है कि पत्नियाँ ही सेवा, प्रेम और सत्कार करती हैं, पति नहीं। इसलिए भी 'पतिव्रता' शब्द है, 'पत्नीव्रती' नहीं।

हाल ही में गया जिले के एक गाँव के छिहत्तर वर्षीय दशरथ माँझी की कहानी एक पत्नीव्रती के साहस की कहानी पुनः प्रकाश में आई है। बिहार के मुख्यमंत्री ने एक समाजसेवी के रूप में उनका सम्मान किया। सच तो यह है कि सेवा का व्रत भी उन्होंने पत्नी का कष्ट दूर करने के लिए लिया। मुसहर जाति के इस 'दुस्साहसी' पत्नीव्रती की पत्नी एक पहाड़ पार कर दूसरे गाँव पानी लाने जाती थी। 360 फीट लंबा तथा 30 फीट चौड़ा रास्ता बनाने में उसे 21 वर्ष लगे। आखिर

पहाड़ काटना था। अकेले। अत्री गाँव और वजीरगंज के बीच दूरियाँ कम करनी थीं। पचास कि.मी. दूरी कम करके उसने मात्र 8 कि.मी. कर दी। एक दिन वह पहाड़ की सँकरी गली में गिर गई। उसका घड़ा तो फूटा ही, पैर भी टूटा। अपनी पत्नी की हालत पर तरस खाकर उसका सही पत्नीप्रेम जाग्रत् हो उठा। उसने सिने जगत् की नायकों की तर्ज पर पत्नी से आसमान से तारे तोड़ लाने का वायदा नहीं किया। उसके पास उसकी शारीरिक शक्ति के अलावा कुछ नहीं था, इसलिए उसने पत्नीप्रेम में अपने शरीर की आहुति देना प्रारंभ किया। 23 वर्षों के अथक परिश्रम से पहाड़ के बीच राह चौड़ी, सुगम और छोटी तो हो गई, परंतु दशरथ माँझी की पत्नी तब तक दुनिया छोड़ गई थी। उसके जाने के उपरांत भी दशरथ ने अपना लक्ष्य धूमिल नहीं होने दिया। बिहार के गया जिले का दशरथ अपने पत्नीप्रेम के लिए जाना जाएगा। उस चौड़ी राह पर हजारों लोग चलेंगे। हाल ही में बिहार के मुख्यमंत्री नीतीश कुमार ने इस शिला पुरुष को थोड़ी देर के लिए अपनी कुरसी पर बैठाया। ऐसा करके उन्होंने उसका सम्मान एक समाजसेवी के रूप में किया है।

देश के कोने-कोने में सती मंदिर बने हैं। सती नारी की कथाएँ समाज में तैरती रहती हैं। क्या उस मार्ग के प्रारंभ होते ही दशरथ के 'दुस्साहस' की कहानी नहीं लिखी जानी चाहिए!

दशरथ की कहानी लिखने की आवश्यकता इसलिए भी है कि स्त्री-पुरुष के प्रेम की कहानियों में जो विख्यात हैं, उनमें मात्र रागात्मक प्रेम दिखता है। दशरथ का प्रेम तो सेवाव्रती प्रेम था। पत्नी के प्रति प्रेम का इजहार उसने सार्वजनिक पथ बनाकर किया। अपने प्रेम का नया मोड़। ताजमहल को हम प्रेम प्रतीक मानते हैं। उसे देखकर सिर्फ नयन जुड़ाते हैं। अपनी बेगम मुमताज महल के प्रति शाहजहाँ के प्रेम का प्रतीक है ताजमहल। मगर दशरथ का प्रेम प्रगट होकर दूसरों को भी सुविधा प्रदान करता है। दशरथ के भाव और कर्तृत्व वंदनीय हैं। बिहार के गाँवों में गाए जानेवाले एक बारहमासा गीत की पंक्ति है—

"आही घून लगतौ हो स्वामीनाथ
बाहीं घून लगतों रे
तोहरे अछइते घड़ा मोर फूटल रे की।"

दूर से पानी भरकर ला रही पत्नी का घड़ा फूट जाता है, दरवाजे पर बैठे पति को वह धिक्कारती है—

> *"तुम्हारी बाँह में घुन लग जाए। तुम्हारे रहते मैं पानी भरने इतना दूर जाती हूँ। तुम्हारी जवानी को घुन लग जाए। मेरा घड़ा भी फूट गया।"*

लोकगीत की उन नायिकाओं के पतियों ने भले ही इसे नहीं सुना हो। आखिरकार दशरथ ने अपनी पत्नी के बिना बोले उसकी परेशानी समझ ली। अनुमान लगाया जा सकता है कि उसकी पत्नी ने कहा होगा, "क्यों पहाड़ काटने चले हो? दिमाग खराब हो गया क्या? पहाड़ काट भी पाओगे?"

अपनी पत्नी के श्रम को सम्मानित करने की ठान लेनेवाले पति दशरथ ने एक न सुनी होगी। अब उस इलाके में नए बारहमासा गीत लिखे जाने चाहिए। लोकगीत में दशरथ की प्रशंसा और उसके सत्कार के स्वर होने चाहिए। पति हो तो ऐसा। हर युग युगपुरुष में होते हैं। हम उन युगपुरुषों में से बहुत कम की पहचान कर पाते हैं। गया जिले के दशरथ माँझी की पहचान होनी ही चाहिए। इस कथा को बच्चों के पाठ्यक्रमों में डालने की आवश्यकता है। बच्चों को पढ़ाने के लिए भी हम कहाँ-कहाँ से कथा संगृहीत करते हैं। पति-पत्नी के बीच परस्पर प्रेम और आदर-मान के लिए यह एक प्रतीकात्मक कथा है। बिहार की धरती की ऐतिहासिक परंपराएँ बड़ी उन्नत रही हैं। उसका अतीत ही नहीं, बूँद-बूँद भर ही, वर्तमान भी संग्रहणीय है।

❑

पत्नी फोबिया

पिछले सप्ताह की बात है। एक सरकारी कर्मचारी बड़े दुःखी होकर मुझे कह रहे थे, "कल शाम को जब मैं थका-माँदा घर लौटा, फ्लैट के भीतर से पत्नीश्री की कड़क आवाज सुनाई दी। वे बच्चे को कह रहीं थीं, 'अरे शैतान की औलाद। अपना सामान ठीक करो। पढ़ने बैठ जाओ। अभी दफ्तर से छूटकर सीधे इधर ही आएँगे। आते ही भौंकने लगेंगे।' मैं क्या बताऊँ। उनकी आवाज इतनी तेज थी कि मैं बंद दरवाजे के बाहर ही खड़ा हिल गया। दूसरे 'भौंकने' शब्द ने अंतर्मन तक बेध दिया। मैं बोल सकता हूँ, चिल्ला सकता हूँ, गुस्सा हो सकता हूँ, बच्चों को डाँट सकता हूँ। भौंकूँगा कैसे? पत्नी की बात सुनकर मैं सीधे पार्क में लौट गया। शाम वहीं गुजारी। रात्रि बीतने पर घर के अंदर प्रवेश किया। मेरे लिए मेज पर रखे भोजन के साथ उनका गुस्सा भी ठंडा हो गया था।"

ऐसी कहानियाँ तो घर-घर की हैं। कभी पत्नी से पति तो, कभी पति से पत्नी का भय खाना चलता रहता है। वैसे ही जैसे नाव पर गाड़ी तो गाड़ी पर नाव।

इसलिए दोनों में से एक कितने ही जोरदार शब्दों में एक-दूसरे की शिकायत करें, सुननेवालों के मन में यही बात उभरती है, 'मियाँ बीवी का झगड़ा, बीच में पड़े वह लबड़ा।' पर कुछ दिन पूर्व दक्षिण भारतीय अपने ड्राइवर श्रवण की सपत्नीक और अपत्नीक स्थिति ने चौंकाया। हुआ यह कि कालकाजी मुहल्ले के झुग्गी-झोंपड़ी में रहता श्रवण ने मुझसे पाँच हजार रुपए एडवांस अपनी पत्नी और बच्चों को गाड़ी में चढ़ाने जाने के लिए आधे दिन की छुट्टी भी ले ली, परंतु दूसरी सुबह वह आया ही नहीं। मुझे शक हुआ, "कहीं पाँच हजार एडवांस लेकर स्वयं गाँव तो नहीं चला गया?"

वह दोपहर के बारह बजकर पैंतालीस मिनट पर हाजिर हुआ। मैंने पूछा,

"क्या हुआ? इतनी देर से क्यों आया?" वह सिर खुजलाता हुआ बोला, "वो...वो...पत्नी नहीं है न, इसलिए।"

मैंने कहा, "मैं समझी नहीं। पत्नी नहीं है का क्या मतलब?"

"हुँ...हुँ..." उसने दक्षिण भारतीय स्टाइल में अपनी बात रखने की कोशिश की। मेरे पति ने मुझे समझाया, "पत्नी के नहीं रहने के कारण आराम से सो पाया होगा। सुबह नींद नहीं खुली, और क्या?"

घायल की गति घायल जाने। वे जल्दी समझ गए। दूसरे दिन फिर देर से आया। मैंने पूछा, "क्यों रात को सोया नहीं?"

"सोया।"

"शराब पीया?"

"नहीं।"

"जुआ खेला?"

"नहीं।"

बोला, "वह पत्नी नहीं है न, इसलिए?"

मुझे बड़ा गुस्सा आया। मैंने कहा, "खूब बहाना मारते हो। पत्नी क्या गई, तू आदमी ही नहीं रहा।"

वह बोला, "अ...हूँ...।"

दो दिनों बाद उससे फिर कोई भूल हो गई।

मैंने पूछा, "क्यों, क्या हुआ?"

वह बोला, "पत्नी नहीं है न, इसलिए।"

मैंने कहा, "अब बताओ कि तुम्हारी पत्नी आ कब रही है?"

"अगले महीने।" अगले महीने तक उसने कई गलतियाँ कीं। मैंने कारण जानने की जरूरत नहीं समझी। वह 'पत्नी नहीं है न' ही कारण बतानेवाला होगा।

मैं उसकी पत्नी के आने का बेसब्री से इंतजार करने लगी। और पत्नी के आ जाने पर वह फिर बारह बजे दिन में ड्यूटी करने आया। मैंने पूछा, "अब क्या हुआ? फिर क्यों देर की?"

"वो...वो...पत्नी...आ गई न।"

"अरे, तू पागल है क्या? पत्नी है तो देर, पत्नी नहीं है तो देर। तुझे ठीक से नौकरी करनी है कि नहीं?"

वह, "ऊँ...हूँ..." करता रहा। फिर तो प्रतिदिन एक भूल। कभी गाड़ी धोना,

साफ करना भूल जाए, कभी मुझे लेने स्टेशन आना भूल जाए। एक दिन तो वह ट्यूशन पढ़ने गई मेरी पोती को लाना ही भूल गया। सब गलतियों के पीछे का कारण उसकी पत्नी ही थी। वह हिंदी ठीक से बोल नहीं पाता। समझता भी नहीं। परंतु अपनी घरवाली के लिए 'पत्नी' ही संबोधन करता है। मैंने पूछा, "वाइफ को पत्नी क्यों कहते हो?"

उसने कहा, "पत्नी है, इसलिए।"

मुझे बड़ी हँसी आई। उसने दिल्ली में रहते हुए कुछ हिंदी शब्द सीखे हैं। पत्नी उनमें से एक है। दरअसल उसके पत्नी फोबिया से मैं भी परेशान हो गई हूँ। मुझे ऐसा लगता है कि कम-से-कम एक तरह की बात तो वह करे। वह तो पत्नी की उपस्थिति और अनुपस्थिति, दोनों से परेशान है। मेरी सास कहा करती थीं, 'तोरा बिनु रहलो न जाए, तोहर बोलिया सहलो न जाए।' अर्थात् तुम्हारे बिना रहा भी न जाए और तुम्हारी बोली सही भी न जाए। यह साँप छछूंदर की स्थिति ही हर दांपत्य जीवन की नियति होती है। होनी ही चाहिए।

आज युवा पीढ़ी पूछती सुनी जाती है, "आंटी! जब एक-दूसरे से प्रेम ही नहीं रहा तो साठ-सत्तर वर्ष साथ कैसे रहे?" मैं कहती हूँ, "देखो, प्रेम की परिभाषा तो आज तक किसी ने ठीक से की ही नहीं। कुनवा बड़ा होता था। तीन-चार पीढ़ियों के साथ-साथ रहते दंपती मात्र एक-दूसरे पर ही निर्भर नहीं रहते थे। निर्भरता के लिए और भी लोग थे। पत्नी के भोजन न बनाने, माँ द्वारा बच्चों के न पालने से भी पति स्वादिष्ट भोजन करता था और बच्चे पलते थे। पत्नियों का भी मात्र पतियों से ही नहीं, अन्य रिश्तों से भी भिन्न-भिन्न तासीर का प्रेम-संबंध होता था। दरअसल एक ही जन्म में पति के सारे प्रेम पा लेने की उन्हें जल्दबाजी नहीं रहती थी। क्योंकि उन्होंने अपना सात जन्मों का साथ मान रखा था। वे बाग-बगीचों में जाकर नाच-गाकर अपने प्रेम का इजहार नहीं करते थे। घर में आँखें मिलाकर भी नहीं। एक-दूसरे के हाथों में हाथ मिलाकर तो शायद कभी चले नहीं। बुढ़ापे में तीर्थयात्रा के समय जरूरत पड़ने पर अवश्य एक-दूसरे का हाथ पकड़ते थे। भीड़ में खो जाने का भय रहता था, इसलिए हमारे जमाने में न पत्नी फोबिया, न पति फोबिया था।"

◻

पति पुत्र जैसा

समय-समय की बात है। उपनिषद् के उस काल में एक स्त्री के दस पुत्र होने का ही आशीष दिया जाता था। 'दूधो नहाओ, पूतो फलो।' अर्थात् घर में सुख-समृद्धि हो, जल से नहीं, दूध से नहाओ और तुम्हारी कोख से पुत्र (बेटा-बेटी दोनों) फलें। परंतु एक आशीष मंत्र में 'तुम्हें दस पुत्र हों, ग्यारहवाँ पुत्र तुम्हारा पति होवे', ऐसी भी कामना की गई है। इस आशीष का आशय आसानी से समझ में नहीं आता। पति पति है। भला पति पुत्र कैसे हो सकता है ? परंतु गहराई से विचार करने, पति-पत्नी के संबंध को परखने पर यह बात स्पष्ट हो जाती है। यह सच है कि पति और पत्नी के बीच के संबंध का अंतिम लक्ष्य संतान उत्पन्न करना है। दांपत्य का उद्देश्य समाज के लिए सुयोग्य संतान देना ही है। पर यह भी तथ्य है कि एक सहृदया पत्नी के लिए पति भी पुत्र के समान ही हो जाता है, जब पत्नी अपने पति के सुख के लिए अपना सुख न्योछावर करती है। उसके रुचि-अरुचि, इच्छा-अनिच्छा और सुख-दु:ख का ध्यान रखती है, वैसे ही जैसे अपनी संतान का रखती है। ऐसे समय में पत्नी भी अपने पति की माँ सदृश्य हो जाती है। उसकी ममता जब विस्तार लेती है तो समस्त जीवमात्र के लिए वह सक्रिय होती है। पति का सुख तो उसका अपना सुख होता है। वह पति पर आधारित ही होती है।

लेकिन स्थितियाँ अब तेजी से बदल रही हैं। जीवन में मात्र अपने सुख के लिए 'अपना जीवन जीने' का ध्येय सब गड्डमड्ड हो रहा है। निजी जीवन का सुख इतना हावी होता जा रहा है कि मात्र एक या एक भी नहीं संतान की इच्छा रखनेवाली युवतियाँ दस पुत्रों के लिए कहाँ जिएँगी। बच्चों के लालन-पालन में नैसर्गिक सुख की प्राप्ति उन्हें समझ में नहीं आती। व्यक्ति के भौतिक सुख की प्राप्ति में संतान और पति भी बाधक होगा। अपने लिए जीते हुए, बच्चा पैदा करने के बाद भी वे माँ नहीं बन सकतीं तो पति की माँ कैसे बनेंगी।

पति-पत्नी के बीच परनिर्भरता कहीं से भी सुख में बाधक नहीं होती। परंतु पति को भी पुत्र समान समझने के लिए आवश्यक है स्वयं मातृत्व की ममता से आनंद प्राप्त करना। पति को भी पुत्र समान प्रीत में डुबोने से स्वयं आनंद की प्राप्ति होती है। मातृत्व एक भाव है, पद नहीं। आवश्यक नहीं कि एक स्त्री के दस पुत्र हों। एक संतान से भी वह मातृभाव प्राप्त करती है। बच्चा पैदा किए बिना भी हृदय मातृत्व भाव से ओत-प्रोत हो सकता है। मातृत्व विशेषण नहीं है। ममता जब विस्तार लेती है, सागर को भी आँचल में समा लेती है। विवाह के समय की प्रार्थना का एक श्लोक है—

"दशास्याम् पुत्रानादेही, पतिमेकादशं कृधि।"

हे इंद्रदेव, इस स्त्री को दस पुत्र हों, ग्यारहवाँ पुत्र इसका पति होवे। पर आज की सामाजिक स्थिति में इसे सुनकर आश्चर्य होता है। यह बीते दिनों की बात लगती है। सच तो यह है कि आज भी इस श्लोक में प्रगट की गई मनसा सत्य हो सकती है। बशर्ते कि हम मातृत्व के महत्त्व को समझें। उसके विस्तार को आत्मसात् करें। पति की उपलब्धि अपनी उपलब्धि मानें। उसकी सुख-सुविधा का उतना ही खयाल करें, जितना अपनी करती हैं। इस क्षेत्र में मात्र बराबरी की लड़ाई से काम नहीं चलेगा। स्त्री को पुरुष के बराबर बनकर नहीं, विशेष बनकर रहना है। और उसके साथ दांपत्य की डोर में बँधा पुरुष भी उसके प्रति ममता युक्त होता जाता है। स्नेह की लागत से स्नेह अर्जित किया जाता है।

□

दांपत्य की दरारें पाटने वाले ये मध्यस्थ

पति-पत्नी के संबंध टूट जाने की बढ़ती खबरों को पढ़-सुनकर आश्चर्य होता है। सुननेवाले पहले रोष प्रकट करते हैं, 'उसकी शादी टूट गई, पति आवारा था, उसके घरवाले कसाई थे, दहेज-लोभी थे'; फिर आहें भरते हैं, 'हाय, बेचारी जाएगी कहाँ! मायकेवाले भी कब तक उठाएँगे बेटी का बोझ! समाज भी तो अकेली जवान लड़की को जीने नहीं देता' आदि-आदि।

यह सच है कि हमारे समाज में दांपत्य-जीवन के बीच अधिक दरारें पड़ने लगी हैं। देखते-देखते वे दरारें इतनी चौड़ी होती जा रही हैं कि पाटते नहीं पटतीं। घरवालों और सामाजिक संगठनों के भगीरथ प्रयत्न से टूटने की नौबत नहीं भी आए तो क्या, घुट-घुटकर मरने से इन्हें कौन बचा सकता है? दांपत्य जीवन या तो समाप्त होता जा रहा है या उसका एक भाग नारी, जल-जलाकर या गोली खाकर मरती या मारी जा रही है। पारिवारिक जीवन अस्त-व्यस्त होता जा रहा है।

बड़े शहरों से लेकर छोटे कस्बों तक बड़े धड़ल्ले से पारिवारिक जीवन का विघटन एक संक्रामक रोग की तरह फैल रहा है। जिस रोग का इलाज ढूँढ़ने में विधायिका, सरकार, सामाजिक संस्थाएँ और चिंतनशील लोग लगे हैं। लेकिन सामाजिक जीवन में फैले अन्य रोगों का इलाज ढूँढ़ने में भी है। कारण स्पष्ट है। प्रथम तो जहाँ रोग की शुरुआत हुई, वहीं इलाज की प्रक्रिया प्रारंभ नहीं होती। साथ ही घाव पाँव में है और हम सिर पर दवाइयों की लंबी फेहरिस्त लिख देते हैं, मलेरिया, टायफाइड, काला ज्वर, डेंगू कोई भी बुखार हुआ तो थम जाएगा, दब जाएगा, उसका जड़मूल से समापन नहीं होगा।

भारतीय दांपत्य जीवन की अपनी विशेषताएँ रही हैं। पारिवारिक पकड़ इतनी पक्की होती थी कि दांपत्य उसके नीचे दबकर रह जाता था। इसलिए हमारे सामने

दांपत्य जीवन उभरकर नहीं आता था। चर्चा एक परिवार की होती थी। परिवार की भी कम, उस समाज के तथा गाँव के गुण-दोष पर विचार किया जाता रहा। आज भी हर इलाके में आपको लोग कहते मिलेंगे—फलाँ गाँव बदमाश है, फलाँ गाँव शरीफ है, फलाँ गाँव में लड़कियों का मान नहीं होता, तात्पर्य यह है कि गाँव समाज के गुण-दोष से व्यक्ति मंडित होता था। उसकी कोई अपनी अलग पहचान नहीं थी, तो उसके दांपत्य जीवन की कहाँ होती। लड़कियों के माता-पिता भी घर-परिवार देखकर शादी करते थे, केवल वर और उसकी आमदनी देखकर नहीं। इसलिए लड़कियाँ ब्याहकर 'ससुराल' जाती रही हैं, पति के पास नहीं। गाँव-कस्बों में आज भी यही स्थिति है।

पिछले पचास वर्षों में औद्योगिक प्रगति से हमारे जीवन के बहुत सारे पहलू पृष्ठभूमि में चले गए और कई नए पहलू सामने आए। दांपत्य जीवन को भी इस प्रगति ने ही हमारे सामने ला खड़ा किया है। अब इस जीवन का अस्तित्व है, तो हमारे सामने उसके गुण-दोष भी प्रकट होंगे ही। ऐसा भी नहीं कि संयुक्त परिवार व्यवस्था में पति-पत्नी एक-दूसरे के प्रति नहीं, बस परिवार के प्रति जिम्मेदार होते थे और परिवार भी उनकी जिम्मेदारी उठाता था, इसलिए दरारें दिखती थीं और समय के साथ समाप्त भी हो जाती थीं।

हमारी सभ्यता संक्रमण काल से गुजर रही है। हम पुरानी परंपराओं, सभ्यता, आदर्श और रीति-रिवाजों को छोड़ नहीं पा रहे हैं। नई को अपनाने की ललक से ग्रस्त हैं। ऊपर से जीवन के अंतःस्थल में उपभोक्ता संस्कृति की घुसपैठ से सामाजिक जीवन में उथल-पुथल आ गई है।

सारा गड्डमगड्ड-सा हुआ लगता है। जीवन-मूल्यों की जड़ पर ही कुठाराघात हो रहा है। इसलिए क्या दांपत्य, क्या पारिवारिक, क्या सामाजिक जीवन की नींव ही चरमरा रही है। ऐसा नहीं कि हमें इस परिवर्तन और उसके दुष्परिणाम का अहसास नहीं हो रहा हो। आज तो हम उसे भोगने की स्थिति में आ गए हैं।

आर्थिक दृष्टि से उच्च और निम्न वर्गों में दांपत्य के टूटने से भी व्यक्ति के जीवन में कोई हादसा होने का एहसास न तब था, न अब। दरअसल सामाजिक जीवन-मूल्यों को हृदय से लगाकर उसके पालन-पोषण का दायित्व अनादि काल से मध्यम वर्ग के ऊपर ही रहा है। आज मध्यम वर्ग का दायरा बढ़ा है और दृष्टि भी बदली है। सरकार और सामाजिक संगठनों के पुरजोर प्रयास से इस वर्ग

की महिलाओं की सोच और तदनुरूप व्यवहार में फर्क आने लगा है। आर्थिक, शैक्षणिक और मनोवैज्ञानिक स्थितियों में परिवर्तन के कारण मध्यम वर्ग के दांपत्य जीवन के टूटने या घुटते रहने के दृष्टांत सामने आ रहे हैं और इस समस्या से निपटने के लिए देखते-देखते छोटे-बड़े शहरों में सामाजिक संगठनों की बाढ़ सी आई दिखती है। लोकतंत्र के स्तंभ विधायिका, कार्यपालिका, न्यायपालिका तथा प्रेस के ध्यान में भी दांपत्य की दरारें आ गईं। इसलिए पुराने विधानों में संशोधन भी हुए हैं। कुछ नए विधान भी बने हैं। वहीं दहेज विरोधी सेल, काउंसलिंग तथा महिला आयोग जैसी संस्थाओं से हमारा समाज आभूषित हो रहा है।

इन संस्थाओं का उद्देश्य दांपत्य-जीवन के टूटने से बचा लेने का है। पुरानी व्यवस्था में ये कार्य परिवार के लोग कर लेते थे। धुआँ उठा और सगे-संबंधियों के स्नेहिल सहयोग से दांपत्य कक्ष से बाहर आँगन में भी नहीं आने दिया गया। टूटने से पहले अपनों के प्रयास से उपचार हुआ।

जीवन की गतिशीलता व व्यवस्था ने शहरी दांपत्य-जीवन को बिल्कुल अकेला कर दिया है। ऐसे मानव समुद्र के बीच उठ रहे उफान को कम करने, दरारों को पाटने के लिए सामाजिक संगठनों की भीड़ सी दिखने लगी है। ये संगठन प्रथम तो सेवाभाव से दांपत्य के झगड़ों को निबटने की कोशिश करते हैं। अब तो सरकार ने कानून बनाकर इन्हें दुःखी महिलाओं की शिकायत करने का अधिकार भी दे दिया है। इन्हें फैमिली काउंसिलिंग, कानूनी सहायता आदि के लिए अनुदान भी दिया जाता है।

दरअसल पति-पत्नी के बीच मध्यस्थता करना है बड़ा कठिन। बिहार के ग्रामीण जीवन में एक कहावत प्रचलित है, 'मियाँ-बीवी का झगड़ा, बीच में पड़े वह लबड़ा।' कहावत को ध्यान में रखते हुए जहाँ अपने को बिचौलिया होने के गुण-दोष से बचाए रखना पड़ता है, वहीं संबंधों के गाँठ सख्त होकर टूट न जाए, सावधानियाँ बरतनी पड़ती है। मामला बड़ा नाजुक होता है। जो सामने दिखता है, जो सत्य होता है, वह स्वयं पति-पत्नी के सामने नहीं आता तो मध्यस्थता करने निकली संस्थाओं के आगे कैसे प्रकट होगा। दांपत्य-जीवन का भाव प्रेम और त्याग की नींव पर खड़ा होता है। इसलिए 'रहिमन धागा प्रेम का मत तोड़ो चटकाय, टूटे पर फिर ना जुड़े जुड़े गाँठ पड़ जाय।' इसलिए सामाजिक संस्थाओं की सदस्याओं को पारिवारिक परामर्श देते वक्त चंद सावधानियाँ बरतना लाजमी हो जाता है।

मध्यस्थता करनेवाली या वाला कहाँ तक निष्पक्ष रह पाता है। पति-पत्नी या फिर लड़की के माता-पिता और ससुरालवाले, किसी एक के साथ पूर्वग्रह के कारण पक्षपात नहीं करेगा/करेगी, कहना मुश्किल है।

किसी संस्था की सदस्यता के नाते पति-पत्नी विवाह की एक घटना ऐसी थी, जिसमें शिकायत लड़की के साथ उसकी माँ ने की थी। लड़का इंजीनियर है, पर नपुंसक है—शादी के तीन साल हो गए, उन्हें कोई संतान नहीं। यहाँ तक कि लड़की-लड़के के बीच संभोग की बात तो दूर, वासना संकेतों का आदान-प्रदान भी नहीं होता—लड़के की तरफ से कोई पहल नहीं, आदि-आदि। संगठन की सदस्याओं की सहानुभूति उस लड़की के प्रति होनी स्वाभाविक थी। हम तीन सदस्याएँ लड़के के घर गईं। उसकी माँ और बहन स्नेह से मिलीं। लड़के के दफ्तर से लौटने पर हमारी उससे बात प्रारंभ हुई। हम लोग उसके प्रति पूर्वग्रही थे। एक तो स्त्री होने के नाते, दूसरे महिला संगठन के सदस्य के रूप में पुरुष विरोध से ओतप्रोत। मेरी दोनों साथिन उस पर टूट पड़ीं। वह अपनी सफाई भी नहीं दे पा रहा था, परंतु मेरी ओर से थोड़ी सी सहानुभूति मिलते ही वह सच्चाई रखने की भरपूर कोशिश करता रहा। वह भी महिला संगठनों के प्रति पूर्वग्रह से ग्रसित था। उसका कहना था कि उसकी पत्नी का ही पक्ष लेने का बीड़ा उठाए बैठी हैं। उसके साथ दो-तीन बैठकों के उपरांत बड़ी मुश्किल से मैं अपनी साथियों को समझा पाई कि दोष लड़की का था, न कि लड़के का। लड़की तलाक लेने पर उतारू थी, इसलिए लड़के की नपुंसकता का ढोल पीट रही थी। अभिप्राय यह कि दोनों पक्षों से सच्चाई उगलवाना और कबूल करवाना बड़ा कठिन होता है। पारिवारिक परामर्श देनेवाले व्यक्ति के निष्पक्ष होने से भी अधिक आवश्यक होता है, उसका सहृदय होना। साथ ही उसका अपना पारिवारिक जीवन का सुखमय व संयमित होना। अकसर परामर्शदात्री की सहृदयता के अभाव में शिकायती अपनी बात खुलकर रख नहीं पाता। साथ ही सुझाव देते समय अपने परिवार के सदस्यों से जैसा व्यवहार हम करते हैं, वैसा ही सुझाव दे देते हैं। जबकि आवश्यक नहीं कि शिकायती के परिवार का परिवेश और मानसिकता हमारे परिवार जैसी ही हो।

अकसर सामाजिक संस्थाओं की प्रतिनिधि बहनें दांपत्य के मामलों में हस्तक्षेप तो कर लेती हैं, परंतु प्रक्रिया बहुत लंबी होने के कारण उन्हें ही थका

देती हैं। कोर्ट तक आने की नौबत आने पर सामाजिक संगठनों का सहयोग बहुत पीछे छूट जाता है।

कुल मिलाकर पिछले दस वर्षों में कानूनों में संशोधन करने की माँग करने तथा सुसरालवालों द्वारा सताई जा रही महिलाओं के लिए न्याय माँगने के लिए महिला संगठनों के धरना-प्रदर्शन आदि से इनके प्रति समाज में ऐसी धारणा बनी है, जो इन संस्थाओं को सामाजिक समस्याओं के लिए रामबाण नहीं मानती। पत्नी-पीड़ित संगठन बनानेवाले पुरुषों ने महिला संगठनों की भूमिका को पुरुष विरोधी करार दिया है। उनका मानना है कि ये संगठन दांपत्य की दरारों को पाटने में इकतरफा सुझाव देते हैं। उनकी धारणा को गलतफहमी मान भी लिया जाए, तो भी आम पुरुषों के संगठनों से इनकी असहयोगी व्यवहार को नकारा नहीं जा सकता।

सबसे कठिन स्थिति बन आती है, जब समाज-सेवी संगठन की सदस्याएँ दांपत्य की दरार को अपने अधिक प्रयास से पाट नहीं पातीं और संबंध-विच्छेद की नियति को कबूल कर लेती हैं। समस्या उठती है—वह स्त्री जाए तो जाए कहाँ? अभी सरकार या स्वयंसेवी संगठनों की ओर से भी अल्पकालीन आवास-गृह की व्यवस्था नहीं के बराबर है। सरकारी मीडिया से जिन आवास-गृहों के प्रचार-प्रसार होते हैं, उनकी व्यवस्था इतनी खराब है कि संबंध-विच्छेद से पीड़ित स्त्रियाँ वहाँ एक दिन के लिए भी ठहर नहीं पातीं।

कुल मिलाकर सामाजिक संगठनों की भूमिका दांपत्य की दरारों को पाटने में सक्षम नहीं हो पा रही हैं। इसलिए दस वर्ष पूर्व इनके पास जितनी शिकायतें आती थीं, उनका प्रतिशत कम होता जा रहा है, जबकि दरारों की संख्या और गहराई से बढ़ती जा रही है।

तात्पर्य यह नहीं कि दांपत्य जीवन के इन बिचौलिए या मध्यस्थों की आवश्यकता ही नहीं है बल्कि जरूरत तो इतनी है कि इन संस्थाओं की सदस्याओं को विशेष प्रशिक्षण देना आवश्यक लगता है। समय-समय पर सरकारी अनुदान प्राप्त कर रही संस्थाओं का आकलन भी आवश्यक होता है—कहीं जोड़ने की जगह इनके प्रयास से परिवारों का विघटन तो नहीं होने लगा। हर सामाजिक संस्था को परिवार विघटन को एक चुनौती के रूप में स्वीकार करना चाहिए। संयुक्त परिवार व्यवस्था टूट रही है—परिणाम हम भुगत रहे हैं—कम-से-कम छोटे परिवारों (जिनमें केवल पति-पत्नी और बच्चे हैं) को टूटने से बचाना होगा।

समय रहते नहीं सँभल पाए, तो पश्चिमी देशों के समाज की तरह धन-संपदा से परिपूर्ण चौराहे पर अकेले खड़े स्त्री-पुरुष असहाय जीवन व्यतीत करते हुए स्व की परिधि में सिमटकर रह जाएँगे। भीतर-ही-भीतर घुटन का अनुभव करेंगे। मनुष्य सुख को अकेले भोगना चाहता है और दु:ख को बाँटकर। शायद उसकी इसी मानसिकता ने नियोजित पारिवारिक व्यवस्था को जन्म दिया हो।

❑

शराबी पतियों की जेबें

देश भर में महिलाओं के आठ लाख से अधिक स्वयं सेवा समूह बन गए। इन समूहों के कारण महिलाओं में विशेष जागृति आई है। उन्हें ऋण मिलता है। वे उस ऋण से बेटी का विवाह जैसे कई महत्त्वपूर्ण कार्य करती हैं। वे समूह बनाती हैं, कम-से-कम बीस रुपए प्रतिमाह जमा करती हैं। कोई-न-कोई उत्पादन करती हैं। उत्पादित वस्तुओं को बेचकर थोड़ा-बहुत ही सही, धन कमाती हैं। उस कमाई की रकम उनकी निजी आमदनी है। वे चाहे तो पति को दें, चाहे तो नहीं। पर पति के द्वारा कमाए पैसे पर पत्नी का पूर्ण अधिकार होता है। राँची के एक स्वयं सेवा समूह की बहनों से मिलना हुआ। वे आदिवासी क्षेत्र की थीं। मैंने पूछा, "बीस रुपए महीने की बचत आप कहाँ से करती हैं?"

एक महिला ने कहा, "हमारे पति शराबी हैं। वे प्रतिदिन कमाई करते हैं, पर आधा पैसे की शराब ही पी जाते हैं। शाम को वे शराब पीकर धुत्त होकर घर लौटते हैं। हम उनकी जेब से पैसे चुरा लेती हैं। उन्हें पता भी नहीं चलता।"

लेकिन वह रुपए चोरी करने की बात बहुत धीरे से कह रही थी, मानो उसने अपराध किया हो। मैंने कहा, "पति की जेब आपकी भी जेब है, इसलिए रुपए चुराना मत कहिए। ऐसा कहने से आप स्वयं शर्मिंदगी महसूस कर रही हैं। वास्तविकता यह है कि आप अपनी जेब से ही रुपए निकालती हैं। आपका पति बेहोश पड़ा है, रुपए निकालकर नहीं दे पाता, अपने स्वयं निकाल लिया। ऐसा सोचने से आपको परेशानी नहीं होगी। प्रसन्नता इस बात की भी होती है कि आपने उस पैसे का सदुपयोग किया। स्वयं सेवा समूह के लिए बचत करना तो कमाई करना ही है।"

वहाँ उपस्थित महिलाओं के चेहरे पर प्रसन्नता के भाव छा गए। निश्चय ही उनमें से ज्यादातर महिलाएँ शराबी पतियों की जेब से ऐसे ही रुपए निकालकर समूह

में जमा करती हैं। उस वर्ग में महिलाएँ अपने शराबी पतियों की खाली जेबों से भी परेशान हैं। पति पैसा कमाता है, पर आधा अपने शराब पर ही खर्च लेता है। आधे में महिलाओं को घर का खर्च चलाना पड़ता है। बहुत से घर महिलाओं की मेहनत से कमाए पैसे पर ही चलते हैं।

महिला पुरुष में एक बड़ा अंतर है। महिलाओं की कमाई पूरी-की-पूरी बचत होती है। वे घर के खर्च में लगाती हैं। वह अपने ऊपर भी फिजूलखर्च नहीं करतीं। घर की जरूरतों पर खर्च करती हैं या फिर भविष्य के लिए बचत। वह बचत भी परिवार के काम ही आती है। महिलाओं में बचत की प्रवृत्ति पुरुषों से अधिक होती है। इसलिए कहा जाता रहा है कि वह पेट काटकर भी बचत करती है। पुरुष कमाई करता है। परिवार से प्रेम भी। तभी वह कठिन-से-कठिन काम करके पैसा घर लाता है। परंतु यदि उसे शराब की लत लग गई और वह नशे का गुलाम हो गया तो पूछिए मत। परिवार से प्रिय शराब हो जाती है। चोरी-छुपे पीते-पीते वह दिन-दहाड़े पीने लगता है। बच्चों की चिंता भी नहीं करता।

इसलिए यदि शराबी पतियों की जेबों पर उनकी पत्नियाँ डाका डालती हैं तो कोई गलत नहीं करतीं। समूह में आने से महिलाओं में आत्मविश्वास बढ़ा है। वे समूह में खड़ी होकर कह पाती हैं, "मैं अपने शराबी पति की जेब से पैसे चुराती हूँ।"

वे मानती हैं कि उन जेबों पर उनका अधिकार है। विवाह की शर्तों में एक बड़ी शर्त होती है—पत्नी को कमाकर खिलाना। विवाह के समय होने वाले एक लोकरीति में पत्नी रूठती है। पति आम के पल्लव से उसके सिर पर मारकर कहता है, "उठो, मैं कमाऊँगा। तुम खाना।" महिलाएँ घर का काम करके भी कमाती ही रही हैं। पर समाज में यह धारणा रही है कि पुरुष का काम रुपए कमाना और स्त्री का काम घर लगाना है। महिलाएँ भी अब बाहर जाकर किसी-न-किसी विधि से अर्थार्जन कर रही हैं। पर उन्हें शराब की लत ऐसी नहीं लगी कि वे अपना दायित्व भूल जाएँ। आर्थिक दृष्टि से कमजोर वर्ग में महिलाएँ भी नशा करती हैं। बीड़ी, सिगरेट, दारू, शराब सब पीती हैं, परंतु होश नहीं गँवातीं। परिवार खर्च के पैसे से नशा नहीं करतीं। पर अपनी कमाई के बावजूद पति की जेब पर उनका विशेष अधिकार होता है।

गाँवों में देखा जाता रहा है कि पत्नियों के लिए पतियों की जेब से पैसे निकालना ज्यादा आसान रहता है, क्योंकि वे घर आकर होश में ही नहीं रहते, पर इस कारण घरेलू कलह तो बढ़ता ही है। कुछ शराबी पतियों से बात करके ऐसा

लगा कि उन्हें भी पत्नियाँ द्वारा बचत कर कुछ उपार्जन करने पर प्रसन्नता होती है। एक ने मुझसे कहा, "मुझे तो शराब के कारण अपनी भी सुध नहीं रहती थी। पर मेरी घरवाली ने मेरी जेब से पैसे चुरा-चुरा यह छोटा सा घर बनवा लिया। थोड़ी सी बचत करने पर बैंक से ऋण मिल गया। अब मैंने भी शराब छोड़ दी है। इसलिए अब मेरी जेब घर में नहीं कट सकती।"

वह खुश था। ऐसे ही सभी पति खुश हो तो बात बने। पर शराब का नशा उतरने पर यदि पति ने अपनी जेब चोर की पिटाई कर दी तो बात नहीं बनेगी। इतना तो निश्चित है कि शराबी पतियों की जेबें काटना कानूनी अपराध नहीं है। वह भी जब उस पैसे का घर के लिए सदुपयोग होता है।

□

पति, पत्नी और वो

यों तो पति, पत्नी और वो बड़ा पुराना जुमला है। पति-पत्नी के बीच किसी दूसरी स्त्री या पुरुष के आने से संबंध में मात्र खटास ही पैदा नहीं होती, मरने और मारने की स्थिति तक आ जाती है। कितनी ऐसी मौतों की खबर आती रहती है।

'वो' के साथ एक-दूसरे की आमदनी भी संबंधों को बिगाड़ती है। कोई नई बात नहीं है। किसान परिवारों में भी जहाँ मध्यम वर्ग में महिलाएँ घरों की चहारदीवारी में बंद रहती थीं, तब भी कोई पति अपनी खेती की आमदनी का पूरा ब्योरा पत्नी को नहीं देता था। पत्नी से चुराया हुआ धन या तो वह अपने नशीली आदतों पर खर्च करता था या घर से बाहर रखी औरतों पर। ऐसे पतियों की पत्नियाँ इधर-उधर या अपने खेतिहर मजदूरों से अन्न की ऊपज की खबर लगाने में जुटी रहती थीं। नौकरी पेशा में लगे पतियों द्वारा भी पत्नियों से अपने आमदनी की रकम छुपाना तथा उन्हें रुपए देने में तंग करना भी दांपत्य की पुरानी परंपरा रही है। हिंदू विवाह रीति से विवाह संपन्न होने में पुरुष वचन देता है कि—'मैं तुमसे कुछ भी नहीं छुपाऊँगा।'

'मैं तुम्हारा भरण-पोषण करूँगा।' सात फेरे और एक-दूसरे से सात वचन लेने के बाद भी दोनों ओर से निभाने की परंपरा में कमी देखी जाती रही है।

54 वर्ष पूर्व मेरा विवाह एक व्याख्याता (अंग्रेजी) के साथ संपन्न हुआ। मात्र पढ़ने-पढ़ाने में ध्यान लगानेवाले पति को पत्नी के साथ घरेलू सामान की खरीदारी के लिए कभी-कभी बाजार भी जाना पड़ता। उन दिनों पढ़ी-लिखी महिलाएँ भी बाजार-हाट अकेले नहीं जाती थीं। एक शाम जब हम दोनों बाजार से लौटकर आए तो दरवाजे पर मेरे श्वसुरजी बैठे थे। बेटे को देखकर मुसकराए। बोले, "अच्छा तो आप भी बाजार गए थे?"

ये झल्लाए, "हाँ, अब तो यही सब करना होगा।"

मेरे श्वसुर हँसते हुए बोले, "बिल्कुल नहीं। आपको यह सब करने की क्या जरूरत! पहली तारीख को पूरी तनख्वाह लाकर इनके (मेरे) हाथ में डाल दीजिए। परिवार की जरूरत अनुसार यही खर्च करेंगी। महिलाएँ तो अपना पेट काटकर भी बचत करती हैं। बचत करना इनकी प्रवृत्ति होती है। आपने तो अपने घर में देखा ही है। आपकी माँ सारे अनाज का खयाल रखती हैं। मैं कभी हिसाब भी नहीं पूछता।"

मेरे पति ने आज्ञाकारी पुत्र की भूमिका शत-प्रतिशत निभाई। विवाह के तीस वर्ष बाद बोले, "मैं देखता हूँ कि मेरी जितनी आमदनी थी, सब बचत हुई है। फिर आप घर कैसे चलाया?"

"यह तो राज की बात है। क्यों बताऊँ?" मैंने कहा, "यह सच है कि अधिकांश महिलाएँ अपने घर का बजट बनाने में प्रवीण होती हैं, व्यावहारिक भी। कम और बँधी आमदनी में उन्हें कष्ट भी होता है। पर घर की आर्थिक व्यवस्था को भलीभाँति सँभालने का आनंद भी आता है। जरूरत से अधिक खर्च कर रोनेवाली महिलाएँ भी हैं, पर कम।

महिलाओं को अपने भविष्य की भी चिंता रहती है। बच्चों की पढ़ाई, बेटी के विवाह के साथ अन्य पारिवारिक जरूरतों के लिए बचत करना उनका स्वभाव होता है। पति-पत्नी के बीच आमदनी की छुपमछुपाई खेल से परिवार का विकास अवश्य प्रभावित होता है। नौकरी-पेशा या व्यापार-धंधे में पति द्वारा अपनी आमदनी छुपाने की परंपरा रही है। पत्नियों की इन समस्याओं को देखते हुए ही यह कानूनी प्रावधान किया गया है कि पति की आमदनी का कुछ प्रतिशत पत्नी को दिया जाएगा। जब यह खबर आई थी तो मैंने अपनी प्रतिक्रिया व्यक्त की थी, "लो हम तो मालकिन थीं, अब हमें माँगनेवाली बना दिया गया।"

क्योंकि जब पति की कमाई पूरी-की-पूरी पत्नी के हाथों में आ जाती है, (पैसे या अन्न) मालकिन ही तो हुई। वह अपने अनुसार परिवार का बजट बनाती, खर्च करती और बचत करती है। कम आमदनी में उसे कष्ट अवश्य होता है, पर कम पैसे में भी बचत कर लेना उसे आनंद भी देता है। जिन पतियों ने अपनी पत्नियों को प्यार की दुहाई तो दी, पर अपनी आमदनी छुपाइ, माँगने पर ही पैसे दिए, वे पत्नियाँ मालकिन की भूमिका में कभी नहीं आतीं। इधर सूचना आयोग ने पत्नियों से मिली शिकायतों के आधार पर ही उनके हक में फैसला सुनाया है। फैसले के अनुसार पत्नियों को पतियों के वेतन की रकम जानने का पूरा हक है। उनके कार्यालयों को आरटीआई ऐक्ट के तहत ये जानकारी सार्वजनिक करनी चाहिए। सूचना आयुक्त

एम. श्रीधर आचार्युल ने कहा कि सभी पत्नियों को विशेष तौर पर भरण-पोषण के उद्‌देश्य से वेतन के बारे में जानने का हक है। उन्होंने कहा कि लोक प्राधिकरण के एक कर्मचारी की पत्नी को खासतौर पर पति के वेतन को जानने का अधिकार बनता है। आयुक्त ने यह भी कहा कि सरकारी कर्मचारी का वेतन थर्ड पार्टी जानकरी नहीं है।

यह सच है कि पति-पत्नी के बीच कुछ भी छुपाने का व्यवहार वर्जित है। विवाह के समय पति के वाम भाग में आकर बैठने के पूर्व कन्या वर से वचन लेती है—'तुम बाहर जो कुछ करोगे, मुझसे कुछ भी नहीं छुपाओगे।'

वर यह वचन देता है, तभी वह वाम भाग में आकर बैठता है। पर पंडितजी के पूछने पर वर सभी वचन दे तो देता है, विवाह को मौज-मस्ती ही समझता है। कौन स्मरण रखे वचन और कौन निभाएँ। तभी तो आज पति-पत्नी के बीच एक 'वो' न्यायालय भी है। कानून द्वारा पति-पत्नी के रिश्तों को समझा जाने लगा है।

विश्वास और प्रेम की भी कमी हो गई है। सबसे बड़ा कारण हुआ है विवाह की दीर्घायु होने के भाव में कमी। सात जन्मों तक साथ निभाने का संकल्प अब सात दिनों में ही बिखरने लगता है। साथ-साथ रहना भी होता है तो अनेक शंकाओं से घिरकर। यों तो सभी संबंधों में बिखराव आया है, परंतु पति-पत्नी का संबंध एक-दूसरे की पूरकता और परनिर्भरता पर आधारित नहीं रहा। पत्नियों की अपनी आमदनी का होना भी एक कारण हो सकता है। पर जो पत्नियाँ किसी भी प्रकार से अपनी आमदनी नहीं करतीं, उनके साथ भी ऐसे छुपमछुपाई होती है। घरों में दोनों के बीच मनमुटाव बढ़ता है, लड़ाइयाँ होती हैं। बच्चे बुरी तरह प्रभावित होते हैं। घर मंदिर नहीं रह जाता। अखाड़ा बन जाता है। इन दिनों समाज में ऐसे घरों की संख्या का बढ़ना समाज के लिए भी चिंता का विषय बन गया है। पति-पत्नी के बीच बढ़ते झगड़ों की संख्या से 'पुलिस महिला प्रकोष्ट', 'महिला आयोग', 'परिवार परामर्श केंद्र' तथा 'न्यायालय' भी भरे पड़े हैं।

विश्वास की निहायत कमी हो गई है। एक-दूसरे पर विश्वास ही नहीं तो दांपत्य की नींव पुख्ता कैसे हो। संयुक्त परिवार व्यवस्था में अपने अग्रजों को देख-देख बच्चे भी सीखते थे। अब विवाह के बाद अधिकांश जोड़ियाँ अकेले रहती हैं। सीखने-सिखाने, सुनने-सुनाने की स्थितियाँ ही नहीं बनतीं। जो काम बड़ी सास-ननदें कर लेती थीं, आज न्यायालय और विभिन्न संस्थाओं को करना पड़ रहा है। महिलाओं के जीवन में मालकिन से माँगने वाली तक की स्थितियाँ देखने

को मिलती हैं। अधिकांश पत्नियाँ पतियों की विश्वासभाजक बनकर उसकी पूरी तनख्वाह को अपनी तनख्वाह मानकर योजना बनाती और खर्च करती हैं। जिनके पति माँगने या चिल्लाने पर थोड़ा-थोड़ा रुपए देते हैं, वे पत्नियाँ अपने खर्च की उपयुक्त योजना नहीं बना पातीं।

ऐसे घरों में कुव्यवस्था बनी रहती है। कुछ पति पत्नी फिजूलखर्ची स्वभाव के मद्देनजर उन्हें पूरी तनख्वाह नहीं देते, न बताते हैं, उन्हें परिणाम भुगतना पड़ता है। दरअसल पति-पत्नी का संबंध है बड़ा जटिल। जो जोड़ियाँ इसे सहज बना लेती हैं, वे बधाई की पात्र हैं, अनुकरणीय भी।

□

विवाहिताओं के दो घर, अभिशाप या वरदान

25 से 90 वर्ष की विवाहिताओं से मिलते समय मेरा पहला प्रश्न होता रहा है, "आपका घर कहाँ है?" 95 प्रतिशत महिलाएँ अपना घर, अपने मायके का गाँव या शहर बताती रहीं। अविलंब अपना उत्तर सुधारकर कहती हैं, "मेरा ससुराल का घर फलाने शहर या गाँव में है।" यह सच है कि 90 वर्ष की महिलाएँ पिछले 70-75 वर्षों से अपने ससुराल में ही हैं। विवाह के उपरांत प्रारंभ में बार-बार मायके जाने का मन भी करता था, जाती भी रहीं। लेकिन बाल-बच्चे होने के बाद मायका जाना कम होता जाता रहा है। जब आवागमन की विशेष सुविधाएँ नहीं थीं, कहीं भी बाहर, चाहे मायका ही क्यों न हो, जाने का निर्णय महिला का नहीं हो पाता था, इसलिए महिलाएँ मायका भी 10-10 वर्ष बाद ही जाती थीं। वे महिलाएँ भी अपना घर मायका का गाँव ही बताती रहीं। पूरी जिंदगी अपने दूसरे घर को सजाने-सँवारने, समृद्ध और सुखी बनाने में लगा देती हैं, पर मायके का गाँव तो पहला गाँव है। जन्मभूमि।

क्या दो घर होना उन्हें विशेष सुरक्षा, सम्मान और सुख देता है? इस प्रश्न का उत्तर भी 25 प्रतिशत मामले में सकारात्मक मिलेगा तो 75 प्रतिशत नकारात्मक ही। अधिकतर विवाहित महिलाओं के ससुराल का प्रारंभिक जीवन कई प्रकार के उलाहने सुनने, परेशानियों को झेलने में बीतता है। वे अपने मायके के संस्कार को भुला नहीं पातीं और ससुराल परिवार उन्हें प्रेम एवं उदारता से अपना नहीं पाता। वे दो चक्कियों के बीच पिसती दिखती हैं। अधिकांश युवतियों का अपने ससुराल में देर-सवेर ही सही अभियोजन हो जाता है, कुछ का तो जीवन भर नहीं होता। कई तो कहीं की होकर नहीं रहतीं। जीवन भर झूलती रहती हैं दोनों घरों के बीच। कुछ

के लिए 'बापनु घर' का निर्माण सरकार की ओर से किया जाता है। बेटियों को ससुराल परिवार में समरस न होने देने में मायका परिवारवालों का भी हाथ होता है। कई बार वे जरूरत से अधिक हस्तक्षेप करते हैं। परिवार परामर्श देते हुए मैं बेटियों की माँओं को कहती थीं, "जिस प्रकार दही जमाने के लिए गुनगुने दूध में जामन डालकर बार-बार उँगली डालकर देखने से दही नहीं जमेगा। उसी प्रकार बेटी को ससुराल भेजकर दिन में कई बार फोन करके बातें मत करो। ससुरालवालों के विषय में मत पूछो। उसे ससुराल के आवोहवा में जमने दो।"

न्यायालयों में लंबित दहेज संबंधित लाखों मामले सबूत हैं विवाहिताओं की दु:खद जिंदगी के। पंद्रह-बीस वर्ष पूर्व जब मैंने 25-30 वर्ष की आयु की युवतियों से पूछा था, "विवाह कब करोगी?" अधिकांश के उत्तर मिले थे, "न बाबा न, विवाह करके जलकर नहीं मरना। हम तो अविवाहित ही अच्छे हैं।"

इसी उम्र के युवकों से वही प्रश्न पूछने पर अधिकांश का उत्तर था, "माता-पिता, भाई-बहन के साथ मुझे जेल नहीं जाना।"

दोनों पक्षों के उत्तर से अनुमान लगाया जा सकता है कि उनका इशारा किस ओर था। दरअसल अधिकांश वैवाहिक झगड़ों में दोनों में से किसी एक का 'घर' छूटता है तो वह महिला होती है। ससुराल का (दूसरा) घर छोड़ना पड़ता है, पहले घर में भी जगह नहीं होती।

विवाह, जो एक नया परिवार प्रारंभ करने के उत्साह का द्योतक होता है, उससे युवक और युवती दोनों खौफ खाने लगे। जिनके साथ ऐसी नौबत नहीं आई, वे भी जीवन भर ताने-बाने सुनती रहीं। ऐसा नहीं कि विवाह के पूर्व लड़कियों को इस बात का अँदेशा नहीं कि उन्हें विवाह के बाद ससुराल में अभियोजन में कठिनाइयाँ होंगी। उन्हें सब पता रहता है। विवाह के समय गाए जानेवाले एक गीत की पंक्तियाँ, जिसमें बेटी का कन्यादान करते हुए बेटी का बाप उसकी उदासी का कारण पूछता है। बेटी की तरफ से जवाब मिलता है, "भाई और बहन हमने मिलकर एक ही कोख से जन्म लिया। माँ का दूध भी दोनों एक ही पिया। लेकिन भैया को आपका चौपार लिखा है और मुझे दूर देश जाना है। मेरी उदासी का कारण यही है।"

विवाह के समय बेटी के मन में यही बड़ी चिंता होती है। किसी ने बेटी के जीवन की तुलना धान की पौधे से की है। धान के बीज एक खेत में डाले जाते हैं। 8-10 इंच की पौध होने पर उसे उखाड़कर दूसरे गीले खेत में थोड़ी-थोड़ी दूर पर रोपे जाते हैं। थोड़े दिन के लिए वे हरे पौधे पीले पड़ जाते हैं। उस खेत की मिट्टी

और पानी से समरस होकर वहीं लहलहाती हैं फसल। वहीं फूल से भरते हैं और असंख्य धान के दाने देते हैं।

बेटी की जीवन के साथ भी ऐसा ही कुछ होता है। एक घर में जन्म लेकर वह शिशु से युवती बनती है। माता-पिता और उस घर को ही अपना मानती है। लेकिन उसको दूसरे घर ब्याह कर जाना पड़ता है। कोई जरूरी नहीं कि दोनों घरों के संस्कार एवं आर्थिक स्थिति एक ही हो। थोड़ा-बहुत भी अंतर हो तो लड़की को परेशानियाँ झेलनी पड़ती हैं। ऐसी स्थिति के समाधान के लिए समाज में एक सीख तैरती थी, 'बेटा ब्याही नीच घर, बेटी ब्याही ऊँच।' यहाँ नीच और ऊँच, आर्थिक दृष्टि से ऊँचे और कमतर से है। चंद शब्दों की कहावत में समाज को निर्देश दिया गया है कि बेटी को अपने से अधिक संपन्न घर में ब्याहना चाहिए और बेटा को अपने से कमतर आर्थिक स्थिति वाले घर में।

बेटियों की सुविधा के लिए समाज और सरकार की ओर से ऐसे बहुत से नियम बनाए गए। आज के जमाने में कानूनों के माध्यम से बेटियों को उनके पिता की संपत्ति में हिस्सा मिलना जैसे बहुत से नियम बनाए गए हैं। मुसलिम महिलाओं को तीन तलाक के अभिशाप से उबारने के लिए कानून बनाया जा रहा है। पुरुषों के चार विवाह पर भी कानूनी शिकंजा कसेगा। लेकिन क्या हिंदू लड़कियों को पिता की संपत्ति में आसानी से हिस्सा मिल पाएगा? क्या मुसलिम महिलाएँ तीन तलाक और तीन-तीन सौतों के अभिशाप से निजात पा सकेंगी?

दोनों घरों में सब कुशल-मंगल रहने पर भी महिलाएँ दोनों घरों के बीच खुशहाली के लिए बेचैन रहती हैं। विवाहिता के लिए कहा गया है, 'दोनों कुल की लाज राखी', मतलब दोनों घरों में इज्जत और संस्कार बनाकर रखने की जिम्मेदारी उन पर ही डाली जाती है। समाज की उससे ही अधिक अपेक्षाएँ होती हैं। अकसर समझदार महिलाएँ मायके में ससुराल की बड़ाई और ससुराल में मायके की प्रशंसा करती हैं। सच बात यह भी है कि 80-90 वर्ष की उम्र तक बचपन में खाए पदार्थों का स्वाद ही उनकी जिह्वा पर छाया रहता है। बचपन में देखे रीति-रिवाज, व्यवहार एवं बड़ों के प्यार की स्मृतियाँ भी भुलाना उनके लिए कठिन होता है, इसलिए वे बातचीत में अकसर अपने मायके को ससुराल में पसार लेती हैं।

उम्र बढ़ने और बच्चों के बड़े हो जाने पर पुन: महिलाएँ अपने बचपन में लौट जाती हैं। बचपन के दादा-दादी, माँ-बाबूजी तथा भाई-बहन की संगति की सुखद अनुभूतियों में डूबती-उतराती रहती हैं। वे स्मृतियाँ उनके लिए वरदान होती हैं और

अभिशाप भी। क्योंकि वे सुखदाई और दु:खदायी दोनों होती हैं।

महिला दिवस पर महिला के दु:ख-सुख और उपलब्धियों का आकलन करते हुए इस बार इस तथ्य पर मेरा ध्यान अटक गया कि उनका दो घर होना उनके लिए अभिशाप है और वरदान भी। ससुराल में रहते हुए भी महिलाओं को अपने मायके के लोगों का सहारा होता है। वहीं उनका अधिक हस्तक्षेप उस महिला के दु:ख का कारण भी बन जाता है।

इस स्थिति को महिला जीवन से निकाला नहीं जा सकता। दोनों परिवारों के बीच मैत्री और सम्मान की स्थिति बनाते रहना चाहिए।

❏

एक पति को स्मरणांजलि

यों तो पति-पत्नी अपनी घरेलू जिंदगी में कमोबेश मात्रा में एक-दूसरे के सहयोगी होते ही हैं, पर कई पति घर के कार्यों में विशेष रुचि नहीं लेते। कुछ पति घर के कार्यों में हाथ बँटाते हैं, मगर वे अपने मित्रों के बीच इसकी चर्चा नहीं करते। अब नई पीढ़ी के दंपतियों में पुरुषों द्वारा भी घर का काम किया जा रहा है। अच्छी बात है।

सार्वजनिक जीवन में बहुत कम पति हैं, जो अपनी पत्नी की उपलब्धियों को अपनी उपलब्धि मानते हैं, उन्हें वैसे ही सहयोग देते हैं, जैसे एक पत्नी अपने पति के सार्वजनिक पदों की उपलब्धियों में प्रसन्न होती रही है। समाज के प्रतिनिधि कई फिल्मों में भी पत्नी की सार्वजनिक छवि बढ़ते देख पति को प्रसन्न नहीं दरशाया जाता है। राजनीति, साहित्य और नौकरी-पेशा में भी पत्नी को आगे बढ़ना पति बरदाश्त नहीं कर पाता। वहीं पति को सार्वजनिक जीवन में मिले मान-सम्मान से पत्नी भी अपने व्यक्तित्व को सजाती-सँवारती है। मास्टर की पत्नी मास्टरनी, मंत्री की पत्नी मंत्रानीजी कहलाती है।

जोधपुर (राजस्थान) की विधायिका सूर्यकांता व्यास के पति स्व. उमाकांत व्यास लीक से हटकर पति थे। अपनी पत्नी सूर्यकांता व्यास को राजनीति में बढ़ाना ही मानो उनका जीवन लक्ष्य रहा हो। बात 1980-82 की है। महिला मोर्चा (भा. जा.पा.) का राष्ट्रीय स्तर पर गठन हुआ था। राजमाता विजयाराजे सिंधिया मोर्चा की राष्ट्रीय संयोजिका थीं। हर राज्य में मोर्चा की संयोजिकाएँ ढूँढ़ी जा रही थीं। राजस्थान से संयोजिका के लिए श्रीमती सूर्यकांता व्यास का नाम आया। हर महीने मोर्चा की राज्यस्तरीय गतिविधियों की रिपोर्ट भेजने के लिए हमारा आग्रह होता था। सबसे व्यवस्थित और समय से राजस्थान से रिपोर्ट आती थी। सुंदर और साफ शब्दों में लिखी रिपोर्ट पढ़ने में भी सुगम होती थी। हम अपनी सभी राष्ट्रीय बैठकों में

राजस्थान की रिपोर्ट की सराहना करते। छोटे कद की एक महिला, सीधे पल्ले की सूती धोती का पल्लू सिर पर सँभालता हमारे सामने खड़ी हुई। वही सूर्यकांता व्यास थीं। हँसता हुआ चेहरा। उनकी बाजू में एक लंबा, भरे-पूरे कद-काठी का व्यक्ति खड़ा था। सूर्यकांताजी ने परिचय कराया। वे उनके पति थे। बाहर खड़े होकर महिला मोर्चा की गतिविधियों की रिपोर्ट उन्होंने ही दी। बैठक कक्ष में सूर्यकांताजी अपने पति द्वारा सुंदर अक्षरों में लिखे रिपोर्ट पढ़ती थीं। यह जानकारी मिलने पर कि उनके पति ही उनका सारा काम करते थे, उनके भाग्य से ईर्ष्या होने लगी। सचमुच सौभाग्यशालिनी थी सूर्यकांताजी। राजमाताजी को जब यह बात मालूम हुई, वे भी खुश हो गईं। बोलीं, "पति हो तो ऐसा!" हमने निश्चय किया। हम लोग एक बार देश भर के ऐसे सच्चे सहयोगी पतियों का सम्मान करेंगे, जो अपनी पत्नियों को राजनीतिक कार्यों में मदद करते हैं।

सूर्यकांताजी हमेशा हँसती हुई मिलती थीं। उनका चेहरा कभी क्लांत नहीं दिखा। राजमाताजी को गाँव-गाँव घुमाने ले जातीं। विशाल महिला सम्मेलन करतीं। राजमाताजी उनके कार्यों से प्रसन्न होतीं, परंतु श्रेय उनके पति को जाता था। चुनाव लड़ने की व्यूह रचना बनाना, जीत-जश्न मनाना, विधानसभा में बोलने का विषय और भाषण तैयार करना, सब उमाकांतजी की जिम्मेदारी थी। वे हँसते-हँसते सारे कार्य करते थे, मानो विधायक के पद में भी उनकी आधे की हिस्सेदारी हो। सूर्यकांताजी स्वयं इसे स्वीकार करती थीं।

किसी भी सम्मेलन में वे दोनों साथ दिखते थे। एक को देखने पर दूसरे के बारे में सब पूछते।

18 सितंबर की सुबह अचानक चल बसे उमाकांतजी, सूर्यकांताजी को अकेले छोड़ गए। कुछ नहीं बताया। उन्हें अपनी चाबियों तक का पता नहीं।

सूर्यकांताजी को सांत्वना देना आसान काम नहीं है, जिसकी पूरी दिनचर्या पति पर आधारित हो, वह कैसे भुलाएगी पति को। यों तो दांपत्य के इस चौथे पहर में बिछुड़ना किसी के लिए भी दुःखदायी होता है, परंतु हर बात के लिए आश्रित सूर्यकांताजी के जीवन के लिए तो ठहराव की स्थिति होगी।

एक बात अवश्य ध्यान देने लायक है कि महिला के राजनीति में काम करने पर घर-परिवार के कार्यों में व्यवधान आता है, पति की पूर्ण सेवा नहीं हो पाती। बहुत से पति इसे बरदाश्त करते हैं, परंतु राजनीतिक गतिविधियाँ की सारी जिम्मेदारी तो सूर्यकांता व्यास के जीवनसाथी ने ले रखी थी। ऐसे पति भी हैं समाज में, पर

बिरले। उमाकांतजी की मृत्यु की खबर सुनते ही वसुंधरा राजे (मुख्यमंत्री) उनके पास दौड़ पड़ी थीं। उन्हीं के शब्दों में, "सूर्यकांताजी की गरदन बेजान हुई कबूतरी की तरह झुकी पड़ी थी, मानो उमाकांतजी उनके पति नहीं, जान रहे हों।"

सच! पति-पत्नी से दो शरीर एक जान हो जाने की ही अपेक्षा रहती है। एक की उपलब्धि से दूसरा अपने को सजाए-सँवारे। इस जीवन में व्यक्तिगत कुछ नहीं होता। व्यक्ति दो होते हैं। उनका व्यक्तित्व दो, मगर दांपत्य शब्द हमेशा एकवचन में व्यवहार होता है। उमाकांतजी से मेरा भी आत्मीय संबंध था। मैं मन से उनकी सराहना करती थी। स्मृति-पटल पर छाए रहते थे। ऐसे सच्चे सहयोगी पति के लिए अपनी स्मरणांजलि अर्पित करती हूँ। उनका उदाहरण उन पतियों के लिए, जिनकी पत्नियाँ सार्वजनिक या किसी भी साधना में रत हैं, करवाचौथ की पूर्व संध्या पर ऐसे पतियों को स्मरण करना उपयुक्त होगा।

□

वेद में विवाह एवं परिवार संबंधी सूत्र

विवाह का वचन

गृभ्णामि ते सौभागत्वाय हस्तं
मया पत्या जरदष्ठिर् यथासः।
भगो अर्यमा सविता पुरंधिर्
मह्यं त्वादुर् गार्हपत्याय देवाः॥

अर्थात् सौभाग्य के लिए मैं तुम्हारा हाथ (अपने हाथों में) ग्रहण रहा हूँ, ताकि तुम मेरे साथ, यानी अपने पति के साथ वृद्धावस्था तक रह सको।

भाग, अर्यमा, सविता, पुरंधि आदि देवताओं ने तुम्हें मुझे दिया है, ताकि तुम मेरे घर की स्वामिनी बन सको।

विवाह के इस वचन ने भारत में हजारों वर्षों तक दंपतियों का मिलन कराया है। 'किसी गृह की स्वामिनी होना', अर्थात् गाहर्पत्य का अर्थ आदर्श गृहस्थ जीवन—गृहस्थाश्रम में जीने से लगाया गया।

अपने नए घर में पत्नी का स्थान

पूषा त्वेतो नयतु हस्तगृह्या
ऽश्विना त्वा प्र वहतां रथेन।
गृहान् गच्छ गृहपत्नी यथासो
वशिनी त्वं विदथम् आ वदासि॥

अर्थात् अब के बाद पुषान तुम्हारे हाथों को ग्रहण करें और पथप्रदर्शन करें, दोनों अश्विन तुम्हें अपने रथ पर ले जाएँ। तुम्हारे घर जाएँ, ताकि तुम उस घर की स्वामिनी बन सको।

(घर की) स्वामिनी बनकर तुम सभा को संबोधित करोगी।

गृहस्थी में पत्नी का स्थान उच्च होता है।

सौभाग्य लाने वाली

सुमङ्गलीर् इयं वधुर्
इमां समेत पश्यत।
सौभाग्यम् अस्यै दत्त्वाया
ऽयास्तं वि परेतन॥

अर्थात् यह वधु सौभाग्य लानेवाली है, तुम सब आओ और इसे देखो, उसे पूर्ण प्रसन्नता की शुभकामना दो और फिर घर लौट जाओ।

जीवन भर का मिलन

इहैव स्तं मा वि यौष्टं
विश्वम् आयुर् व्यश्नुतम्।
कीळन्तौ पुत्रैर् नप्तृमिर्
मोदमानौ स्वे गृहे॥

अर्थात् तुम दोनों यहाँ निवास करो, कभी अलग न हो, संपूर्ण जीवन अवधि का आनंद लो, पुत्रों और पौत्रों के संग खेलो अपने घर में आनंद करो।

संयुक्त जीवन

पुत्रिणां ता कुमारिणा
विश्वम् आयुर् व्यश्नुतः।
उभा हिरण्यपेशसा॥

अर्थात् वेद उस प्रसन्न परिवार से आनंदित होता है, जिसमें पति-पत्नी, पुत्रों और पुत्रियों के साथ परस्पर सामंजस्य के साथ रहते हैं और लंबे जीवन तथा समृद्धि का आनंद लेते हैं।

घर

भोजायाश्वं सं भ्रजन्त्याशुं
भोजायास्ते कन्या 'शुम्भमाना।
भोजस्येदं पुष्करिणीव वेश्म
परिष्कृतं देवमानेव चित्रम्॥

अर्थात् दानशील दाता के लिए सुसज्जित और वेगवान् घोड़े की तरह। दानशील दाता के लिए ज्योतिर्मय वस्त्रों को धारण कर नववधु प्रतीक्षारत होकर कल्पना करती है कि उसके पति का ऐसा घर हो, जो पवित्रता से परिपूर्ण, कमल के फूलों से भरे सरोवर के समान, सुसज्जित और अलौकिक हो।

सुंदर-सुखी घर

मधुमन् मे परायणं
मधुमत् पुनरायनम्।
ता नो देवा देवतया
युवं मधुमतस् कृतम्॥

अर्थात् मेरी घर की सुख-सुंदरता दूसरों के घरों में तुरंत जाए और तुरंत मेरे घर

वापस भी आ जाए। हे जुड़वे भगवान (अश्विनी)! आप अपनी पवित्रता से हमारे घर की सुख-सुंदरता में वृद्धि करते रहो।

दाम्पत्य योग

समंजन्तु विश्वे देवा:
सम् आपो हृदयानि नौ।
सं मातारिश्वा सं धाता।
समुदेष्ट्री दधातु नौ।

अर्थात् हमारे हृदय में सभी देवताओं का वास हो। मातृश्व, दाता और दृष्टि, सभी हमें अपने में समाहित कर ले।

विवाहित सुख के लिए प्रार्थना

त्र्यम्बकं यजामहे सुगन्धिं पतिवेदनम्।
उर्वारुकम् इव बन्धनाद् इतो मुक्षीय मामुत:॥

अर्थात् हम त्र्यंबक नदी की पूजा-अर्चना कर यह कामना करते हैं कि वह खुशबू फैलाए और पति को ढूँढ़े। जैसे लौकी के बीज से उसका तना बाहर निकलता है, वैसे ही कहीं और से नहीं, हमें यहीं से, कष्ट के क्षणों से पूर्णरूपेण बाहर निकाले।

स्त्री के वैभव के लिए मृत्यु से प्रतिद्वंद्व

इमा नारीर् अविधवा: सुपत्नीर
आञ्जनेन सर्पिषा सं विषन्तु।
अनश्रवोऽनमीवा: सुरत्न
आ रोहन्तु जनयो योनिम् अग्रे॥

अर्थात् उन स्त्रियों के लिए नहीं, जो विधवा नहीं हैं, जिनके अच्छे पति हैं, उनको सहानुभूति का लेप, मलहम या राजतिलक करने की कोई आवश्यकता नहीं। उन स्त्रियों को भी नहीं, जिनकी आँखों में आँसू नहीं, जो स्वास्थ्य की दृष्टि से पुष्ट हैं और जो आभूषणों से अच्छी तरह सुसज्जित हैं। सर्व प्रथम गृह का अभियोग श्रेष्ठ है।

पारिवारिक समता या मेलजोल

सहृदयं सामनस्यं अविद्धेषं कृणोमि वः।
अन्यो अन्यम् अभि हर्यत वत्सं जात्म इवाध्न्या॥ 1॥
अनुव्रतः पितुः पुत्रो मात्रा भवतु संभनाः।
जाया पत्ये मधुमतीं वाचं वदतु 'पन्तिवाम्॥ 2॥
मा भ्राता भ्रातरं द्विक्षन् मा स्वसारम् उत स्वसा
सम्यंचः सवता भूत्वा वाचं वदत भद्रया॥ 3॥

अर्थात् मैंने तुम्हें एक मस्तिष्क और घृणा विहिन एक हृदय दिया, बनाया है। ठीक उसी तरह प्रेम करो, जैसे एक गाय अपने बछड़े को प्रेम करती है। पिता के प्रति पुत्र को निष्ठावान और माता के प्रति एकाकार होना चाहिए। पत्नी को मधुर और सुंदर वचनों से पति के साथ वार्त्तालाप करना चाहिए। भाई को भाई से और बहन को बहन से द्वेष का भाव नहीं रखना चाहिए। अंततः उद्देश्य तो परिवार के सदस्यों को संगठित और एकमत करना है, इसलिए अपनी वाणी का प्रयोग मैत्रीपूर्ण करो।

पारिवारिक एकता

समानी प्रपा सह वोऽन्नभागः
समाने योक्त्रे सह वो युनज्मि।
सम्यंचोऽग्निं सपर्यतारा नाभिम् इवाभितः॥

अर्थात् हमारे पीने के लिए जल और खाने के लिए भोजन एक जैसा और

सबके लिए है। इस जीव-जगत् में सभी का एक-दूसरे से किसी-न-किसी प्रकार का संबंध है। रथ के पहिए जिस तरह एक धुरी पर एक साथ मार्ग तय करते हैं, उसी प्रकार हमें हवनकुंड के चारों तरफ संगठित होकर जीवन-मार्ग पर गतिमान रहना चाहिए।

◻◻◻